産婦人科医
宋美玄先生の

生理だいじょうぶブック

宋美玄 監修
あべさより 漫画

SEIRI daijoubu book
by
Mihyon Song
Sayori Abe

小学館

はじめに

赤ちゃんを産む準備のために、だいたい月に1回おまた（正確には膣といいます）から血が出ます。

これが生理。そんなこと知っているよって思うかな？

では、このことも知っているかな？

● そのとき、体の中で何が起こっているのか。

● 生理と生理の間には、何が起こっているのか。

きちんと知っている人は意外と少ないかもしれません。
大人でも、よく知らない人がたくさんいるほどだから。

いま、私たちのまわりは情報にあふれています。
インターネットをひらいて知りたいことを入力すれば、すぐにたくさんの情報が目に飛び込んできます。
とても恵まれた環境だともいえるけれど、その情報は正しいものばかりとは限りません。

「布ナプキンにすると経血量が少なくなる」「生理は移る」
……これらはすべて科学的根拠のないデマです。
そんな不適切な情報にまどわされないでほしい。
あなたにとって本当に必要なことを正しく知ってほしい。
それがこの本に込めた願いです。

生理は、赤ちゃんを産むための準備。

でも、赤ちゃんを産むことってなんだか遠い未来のことのようで、まだあまり想像がつかないかもしれないね。

いつ産むのか、何人産むのかもわからないし、もしかすると産まないのかもしれない。

どうしたいのかを決めていたとしても、その通りにはならないかもしれない。

ただ、あなたには、どんなふうに子どもを産むとしても、そして産まないにしても、健康に、安全に、そして自由にその道を選ぶ権利があります。

そのために、正しい情報にもとづいた医療などを受ける権利があります。

あなたが生まれもった心と体で、幸せに生きていくために、この本が、その支えの一つになればいいなと思っています。

宋　美玄

はじめに 3
登場人物 10

1章 生理がきた！

生理は突然に 12
くわしく解説 16
ふつうの生理とは？ 18
くわしく解説 24
生理用品、どう使う？ どう選ぶ？ 28
くわしく解説 38
宋先生から一言！ はじめて生理がきたあなたに話しておきたいこと 40

contents

2章

もっと知りたい！生理のメカニズム

42 体の中で起こっていること……くわしく解説 48
50 生理はなぜ起こる？……くわしく解説 56
58 ヘンな生理？……くわしく解説 62
64 宋先生から一言！ HPVワクチンを受けよう！

3章 生理の「困った」にアンサー！

66 悩み 寝返りでモレてしまう …… くわしく解説 70
72 悩み 生理痛はどうすればいい？ …… くわしく解説 76
80 悩み 生理前に調子が悪くなる …… くわしく解説 84
88 悩み 生理の予定日はズラせる？ …… くわしく解説 92
96 悩み 血のかたまりが出るんだけど… …… くわしく解説 98
100 悩み ナプキンもち運び作戦 …… くわしく解説 102
104 悩み オリモノが気になる …… くわしく解説 106
108 悩み おまたはどれくらい洗う？ …… くわしく解説 110
112 宋先生から一言！ 生理にまつわるおもしろ話

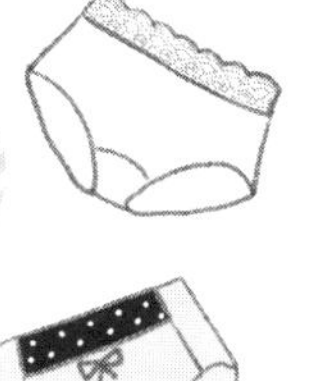

4章

女性の体になるということ

114 心と体が変わる時 …… くわしく解説 118
120 ブラジャーはいつからつける? …… くわしく解説 122
124 悩ましいむだ毛処理 …… くわしく解説 126
128 プライベートゾーンについて …… くわしく解説 130
132 考えよう! LGBT …… くわしく解説 134
136 女性の一生 …… くわしく解説 140
142 宋先生から一言! 知っておきたい! 女性特有の病気
あとがき 143

※本書の情報は2019年12月現在のものです。

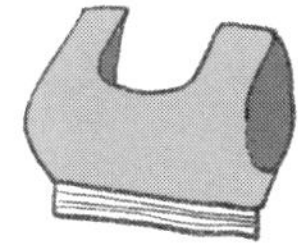

character

宋美玄先生

・・・・

トイレを開けると
突然現れる(!?)産婦人科医。
生理のことや女の子の体について、
科学的に中立に
教えてくれる心強い存在。

ルナ

・・・・

生理の妖精!?
月からやってきたという
うさぎっぽい生きもの。
宋先生と一緒に
生理について教えてくれる。

チカちゃん

・・・・

明るく元気な小学6年生。
おっとり系で、みんなから
やさしくしてもらえるお得な性格。
まわりの大人っぽいお友達をみて
少し背伸びをしたいお年頃。

伊藤くん

・・・・

チカちゃんの同級生の男の子。
お姉ちゃんから
いろいろ教わっていて、
女の子に対して思いやりのある
とてもやさしい男の子。

エミちゃん

・・・・

真面目で控えめな性格の
チカちゃんの同級生。
特技はピアノ。
チカちゃんの相談相手に
なってくれている。

あんなちゃん

・・・・

ちょっぴり大人っぽい
チカちゃんの同級生。
チカちゃんに
いろんなことを教えてくれる
頼れる存在。

1章 生理がきた！

いま、女の子の体の中では、大人になるための準備が進んでいるよ。はじめての生理を迎えるのは大体10～14歳。生理がきたらまずどうするのか、生理の基本のキを紹介！

私チカ。
元気いっぱいの小学6年生。

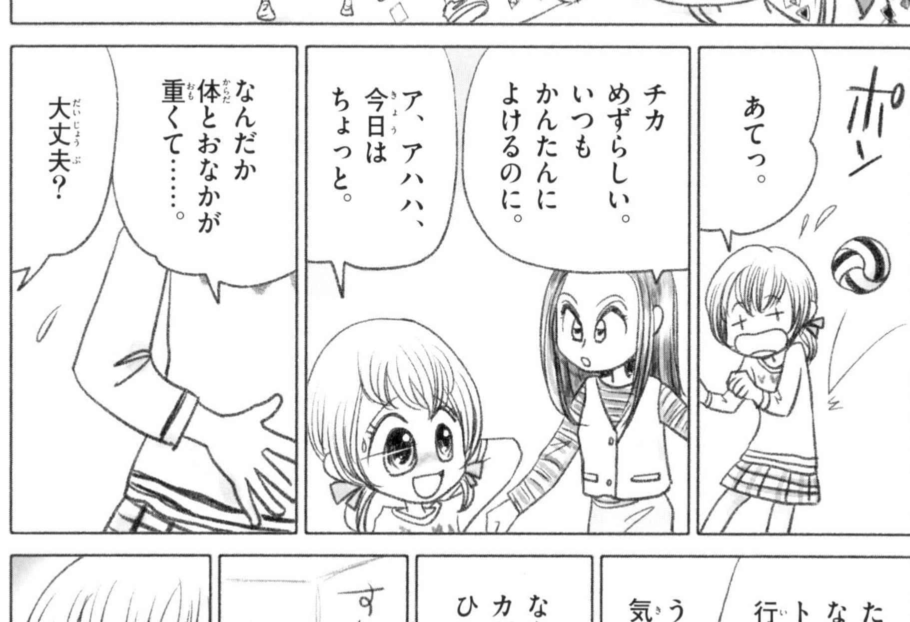
ポン
あてっ。
チカめずらしい。いつもかんたんによけるのに。
ア、アハハ、今日はちょっと。
なんだか体とおなかが重くて……。
大丈夫？

たいしたことないよ。トイレ行ってくるね。
うん。気をつけて。
女子トイレ
なんだろ。カゼでもひいたかなあ。
すとん
ふー

じー……
なんかパンツに血っぽいものが……。
これって!
もしかして生理とかいうヤツ!?
S·E·I·R·I!

うわ どうしよう。とりあえずトイレットペーパーパンツにしいて……。
カラカラ
こまったな どうしたらいいんだろ……。
ガチャ
んっ!?
ふわ〜ん
えっ!?

えっえっ、なに、ここどこ!?
学校は!?
いらっしゃいませー!!
ばびゅん!
わあ!!

へんな
うさぎ!?
ガーン
ひどいっ!
うさぎじゃありません。
わたしは妖精ルナ!
はじめての生理のかたを宋先生にご案内するのです。こちらへ。
宋先生?
先生ー
はじめてのかたです。
いらっしゃい
チカちゃん!
まほうの保健室の宋美玄です。
はじめての生理びっくりしたわね。
は
はい。
胸がふくらんでアンダーヘアがはえてきたら
はじめての生理がくるかもなのよ。
そうですよ
そうなんだ。
なんかー。
理屈ではわかってたけど、
自分がなるとは思ってなかったってゆーか。
もっとマセてる子がなるもんだと思ってて…。
あら。

なぜそう思うの？

ともだちや大人もいってるしスマホとかでも。

ネットの情報はおもしろおかしく刺激的に書いてあったり

ウソがホントのように書いてあったりするわ。

わたしは正しい知識を教えたいの。

正しい知識……。

そう！生理とは！

じゃじゃん！

科学であり生物学であるのです！

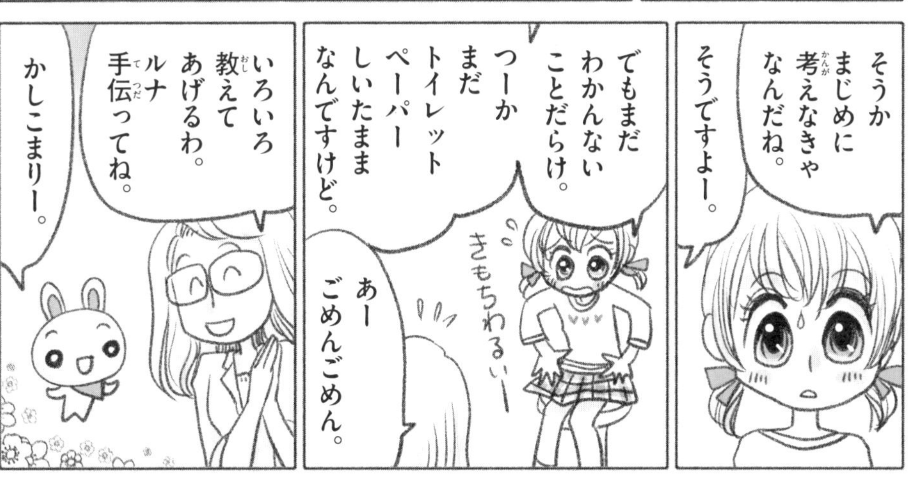

そうかまじめに考えなきゃなんだね。
そうですよー。
でもまだわかんないことだらけ。
つーかまだトイレットペーパーしいたままなんですけど。
きもちわるいー
あーごめんごめん。
いろいろ教えてあげるわ。ルナ手伝ってね。
かしこまりー。

はじめての生理の前にはサインがある

くわしく解説

チカ　私が生理になるのってまだまだ先だと思っていたから、パンツに血がついているのを見てビックリしたよ～。

先生　チカちゃんのお友達の中には、もう生理がはじまっている子もいるよね。どうしてまだまだ先だと思ったの？

チカ　うーん……。胸が大きい子とか背が高い子とか、大人っぽい子がなっているイメージだったから、なんとなく私はまだかなーって。

先生　たしかに、胸がふくらんでくるっていうのは、もうすぐ生理になるっていうサインだね。**体脂肪が増えて体型がふっくらしてきたり、アンダーヘアが生えてきたりするのも、生理が近づいているときの体の変化の特徴よ。胸にしこりみたいなものができて痛くなったり、オリモノ（104ページ）が出たりすることもあるの。**

チカ　いわれてみれば、少し胸がふくらんできていたような気もするけど……。でも、自分の体型の変化に気がつくのってむずかしい。毎日少しずつ変わるからわかりにくいし、昨日食べ過ぎたせいで太っちゃったのかな～とか思っちゃう。

人と比べるにしても、生理になったお友達の胸をじろじろ見て「私も同じくらい大きくなっているかも」とチェックするのは、なんだかはずかしいよ。

先生

そうだよね。
しかも、こうしたサインが出てすぐに生理になるとは限らなくて、1年くらいサインが続いてからようやくはじまる人もいるの。人それぞれだから判断がむずかしいけど、なんとなく「そろそろかも」と思ったら、念のためにナプキンをもち歩くといいよ。

チカ

そっかぁ。でも、ナプキンをもっていたとしても、急にドバッと血が出て洋服をよごしちゃったらイヤだなぁ。

先生

初潮と呼ばれるはじめての生理の場合は、茶色いオリモノっぽい感じで、あまりたくさん血が出ないことが多いけど、それも人それぞれなんだよね。**心配だなと思ったら、まだ生理になっていなくてもナプキンをつけておくのも手だよ。いざという時に安心だし、予行演習にもなるしね。**

チカ

なるほど～。そうしておけば、突然の生理にもあわてず対応できるかも。「私はまだかな」と思っていても、早めに準備をしておけばいいんだね。

ではこれから宋先生にいろいろ教えていただきましょうね。
はいこれナプキン。
使い方はそこのトイレに書いてあります。
ありがと。
パタン
ふう ひと安心。
でもなんとなく落ち着かない…。
フフまだなれないわね。
小学生なのに生理がきちゃうなんて…。
私マセてるのかなあ。
ちがうちがう！
先生がいったでしょ人それぞれだって！
そうなの？
はじめての生理がいつだったかのアンケートがあるわ。

こんな感じ。
へぇえ。本当に人それぞれなんですね！
〜小3
小4
小5
小6
中1
中2
ユニ・チャーム調べ

同じ年齢でもみんな身長も体重もちがうし
性格だってバラバラ。そんなふうに生理もそれぞれね。

ただ高校生になっても生理がこなかったら病気が疑われるので婦人科に行くことをおすすめするわ。
婦人科!!
婦人科って、
大人の女の人が行くとこでしょ!?

なんか
おまた
ひらかなきゃ
いけないいん
でしょ!?
ムリムリ!!
おまた…。
安心して。
小学生に
そういう内診を
する婦人科は
まずないわ。
内科の
診察と
そんなに
かわらないのよ。
何か
気になることが
あったら
えんりょなく
たずねて
ほしいわ。
そう
なんだ。
はい。
宋先生
生理って
どのくらい
続くの?
だいたい
3日から
7日くらいね。
そっか。
それがこれから
ひと月に
いっぺん
くるんだね。
だいたいね。
でも
チカちゃんは
はじまった
ばかりだから
いろいろまだ
不安定だと
思うわ。
いろいろ?
いろいろ。
いろいろ。

まずは平均的な生理のお話をしましょう。
75cc
45cc
15cc
60cc
30cc
血の量は日にちによってかわります。
2日目がいちばん多くて3日目からじょじょにへっていくの。
多い時はこまめに取りかえないとね。
そうなんですね。
うう、横から血がモレちゃって
下着よごしてしっぱいしたらどうしよう。
大丈夫大人もみーんな何度も失敗してるわ。
気にしないで落ち着いて取りかえましょう。
そうなの!?
みんな経験するんだね。
そうです。みなさんたいへんですね。

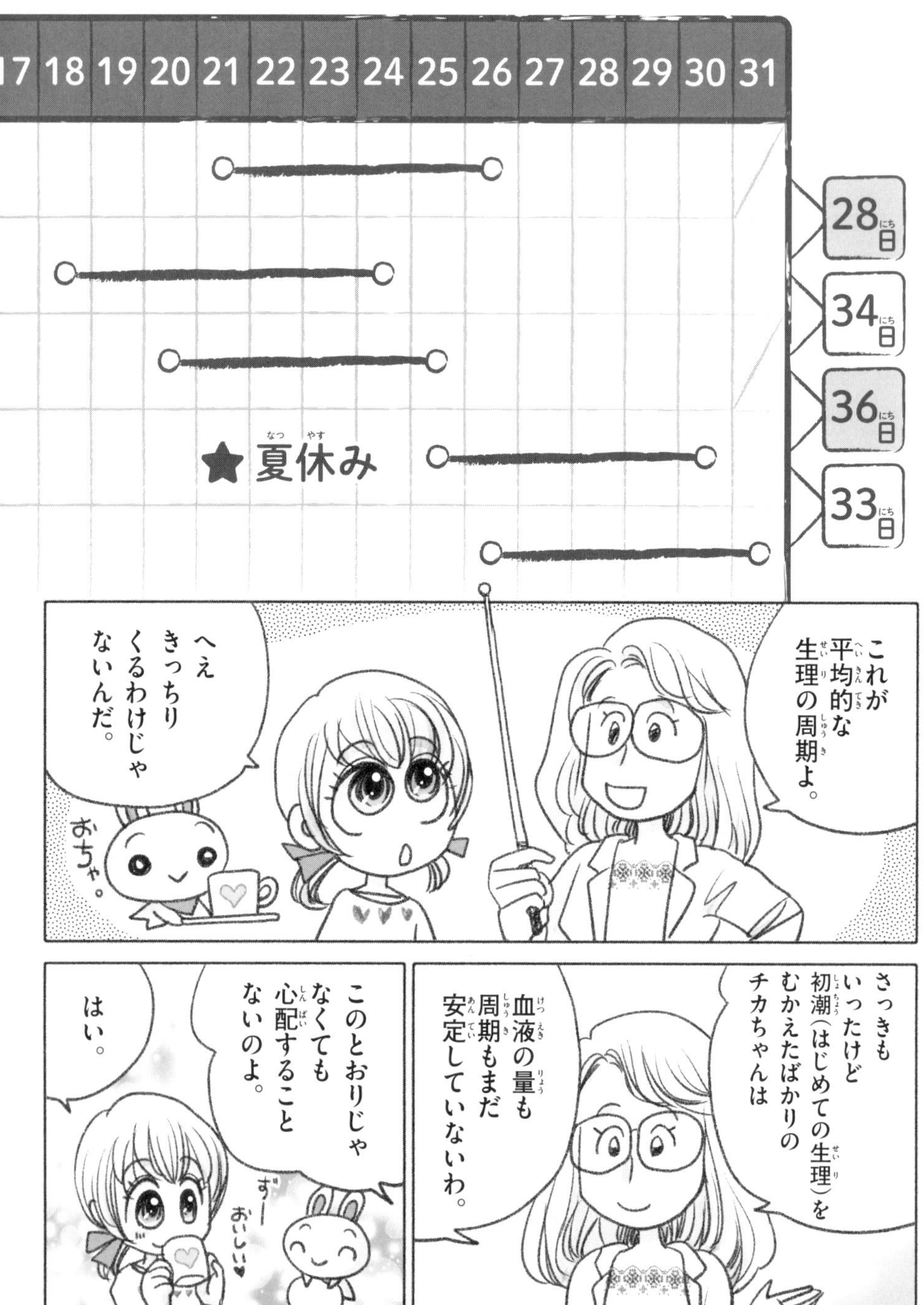
17 18 19 20 21 22 23 24 25 26 27 28 29 30 31
28日
34日
36日
33日
★夏休み
これが平均的な生理の周期よ。
へえ きっちり くるわけじゃ ないんだ。
おちゃ。
さっきも いったけど 初潮(はじめての生理)を むかえたばかりの チカちゃんは
血液の量も 周期もまだ 安定していないわ。
このとおりじゃ なくても 心配すること ないのよ。
はい。
ずー
おいしい♥

日
月
1 2 3 4 5 6 7 8 9 10 11 12 13 14 15 16
4
5
6
7
8
遠足
旅行
1年くらいたてば安定するし、
自分の生理になれていくわ。
自分の生理…。
私の生理かあ。
そう今はじまったばかりのね。
がんばれ生理1年生!
おー!
お、おー!

生理にも人にも個性がある！

チカ はじめての生理は小6のときっていう子が多いんだよね。それを聞いて正直ほっとしたなぁ。人それぞれっていわれてもやっぱり、みんなと同じかどうか気になっちゃうんだよね。

先生 その気持ちはよーーくわかる。だけど、性格と同じく生理にも個性があって、一人ひとりちがうのよ。

チカ 早すぎたりおそすぎたりしても大丈夫？

先生 **10歳から14歳くらいではじまる人が多いけど、もっと早くても気にしないで。**でも、高校に入るまでに生理がこない場合は、念のために婦人科に行ってみるといいわね。もちろん、小学生や中学生でも、何か不安に思うことがあれば婦人科に行くことをおすすめするわ。

チカ 子どもなのに婦人科に行くのイヤだなー。こわいし、はずかしいから無理！

先生 婦人科はこわい場所じゃないから安心して。それに、おまたを直接見たりさわったりする「内診」をしなくても、おなかにあてる超音波の機械を使えば診察はできるんだよ。**よほどの事情がなければ子**

どもに「内診」をすることはないから安心して。でも、おまたが「かゆい」とか「痛い」んだったら、見る必要はあるけれど。

チカ　そっかぁ。でも、婦人科に行きたいって親にいうのも気まずいなぁ。

先生　どうしてもいいにくいなら、いわずに行くのもアリ。保険証をもっていく必要はあるけどね。もし心配なら診察前に「親にいわないでください」と伝えておくといいよ。本人の許可なく、だれかに連絡することはないからね。

チカ　とはいっても、内緒で行くのもうしろめたい……。

先生　もちろんおうちの人に相談して一緒にこられたらいいんだけど、どうしてもできない場合もあるよね。それで「どうしよう」って悩んでいるうちに、病気になっている場合は悪化してしまうかもしれない。そうなる前に必ず、婦人科にきてほしいのよ。

チカ　うーん。わかりました。婦人科に行くと、お金はどれくらいかかるの？

先生　**はじめてのときは、初診料と検査代で5000円（健康保険適用）くらいかな。**

チカ　高いー!!

先生　検査の内容によっては、もう少しお金がかかる場合もあるのよ。もしお金が足りないかもと思ったら、「いまもっている○○円で、できる検査をしてください」と相談してみてもいいと思うの。

チカ　そうかぁ。生理がなかなかはじまらないときに婦人科に行くというのはわかったけど、ほかには、どんなときに婦人科に行けばいいのかな。そもそも、〝ふつう〟の生理ってどんな感じ？

先生　人それぞれだから〝ふつう〟といってもむずかしいんだけど、目安として教えるわね。まず、**生理がはじまってから出血が続く期間は3日～7日くらい。2日目あたりをピークにだんだん出血量が減っていく。生理がはじまった1日目から、次の生理までの期間は25～38日くらい。**だから、だいたい1か月に1回、生理がくるというわけ。

チカ
日数がきっちりと決まっているわけじゃないんだね。

先生
そうね。そのときどきで変わるものだから、あくまでも目安として覚えておくといいよ。特に、はじめの1年くらいは日数や出血量も変わりやすいから、心配しすぎないで大丈夫。

チカ
そうなんだね。出血量はお友達とも比べにくいから心配だよ。

先生
そうよね。
たとえば、1時間おきにナプキンを替えないとモレてしまうくらい出血量が多かったり、8日以上出血が続いたりするなら、一度婦人科で相談してみるといいかな。
おなかが痛くてつらいとか、体調に気になることがある場合もね。

チカ
はーい。生理は止まっちゃうこともあるの？

先生
生理がはじまって数年のうちは、1～2か月止まることもめずらしくないかな。でも、もしも3か月以上生理がこないなら、念のため婦人科に行ってみようね。

チカ
わかりました！

先生　いちばん血が多い時だと
今あたしが使ってるナプキンじゃすぐモレちゃうよ。
どうしたらいいの…。
大丈夫よ。ルナもってきて。
はいはーい。
ずべしゃあ
ずでっ
あ。
あわてなくていいのよ。
プププッ
種類たくさんありすぎですー。
こんなに種類あるんですよ。形も用途もいろいろ！
うわあ　まよっちゃうね。
□代表的なナプキンの分類
■昼用
○軽い日用
○ふつう～多い日用
○特に多い日用
■夜用
○多い日の夜用
○特に多い日の夜用
□代表的なナプキンの形
■羽なし
基本の形
■羽つき
羽でショーツに固定するタイプ
■羽つき（大型）
モレをふせぐ
でっかいよ
□ナプキンの厚さ
ふつうの厚さ
スリムタイプ
はんぶんくらい！

とりあえず軽い日用多い日用夜用があればいいかな。
いろいろためしてみてお好みをどうぞ。
メニュー？
つけ方はさっきトイレに書いてあったね。
大丈夫だった？
うん。わかりやすかった。
はがして
ショーツにつける。羽つきなら羽をショーツの一番細いところにあわせよう。
ショーツ
またの部分が二重になっているショーツの場合は羽を中にしまおう。
それはよかったわ。
でもつけ方はわかったけど捨てる時はどうすれば？
トイレに流すの？
あやや～、それはダメですよ。
トイレつまっちゃいますよ～。
マジ!?

ナプキンはこんなふうに捨てましょう。トイレにはぜったい流しちゃダメ。
新しく使うナプキンの個別ラップを使って包む（なければトイレットペーパーで）
しんぴん
つつんでたコレね
羽つきの場合は羽を外側にたたみ血のついているほうを内側にして丸める
ぱたんくるる
コンパクッ！
必ず生理用品用のゴミ箱に捨てる
ポイ
アカーン！
ふうん。
でももし生理用品用のゴミ箱がなかったら……。
トイレットペーパーにつつんでもち帰って燃えるゴミとして処理してOKよ。
なるほど。
あでも…。
あたしはここにこられたからよかったけど
おでかけ先で急に生理になったらどうすれば!?
ていうかナプキンってそもそもどこで売ってるの!?
ぽひ
ポンポン
落ち着いてください。どうどう。
はーはー

大丈夫よ。ドラッグストアでもスーパーでも
コンビニでも売ってるわ。
えっコンビニ!?
ぞーぞー

ええ〜きづかなかった〜。
今まで関係ないって思ってたからわかんなかったよ。
アハハそうか。
そう…。
ナプキンって身近にあったんだね。

で、でも
なんかこう……手を出しにくいなあ。
最初は買いにくいかもね。
ナプキン
でもおかあさんのおつかいだと思えば買えるでしょ?
ナプキンでもかぜぐすりでも
ナプキン
あっそうか!

会計する時気まずかったら
ドリンクなんかといっしょに会計してもらうといいわ。
そっかあ。

うーん、でも……。
男子に見られたりしたらなんかイヤかも……。
あら。

なあに？チカちゃん気になる男の子とかいるの？
えっいやっそうゆうことじゃなく!!

はずかしいことではないから
生理は男の子にもしっかり知ってもらうべきなのよ。
でもはずかしいと思う気持ちもわかるわ。

男女がもっとわかりあえるようになるといいわね。
うん……。そうだね。

あ、そうそうナプキンを使う時は、

ふだんはいてる下着よりもサニタリーショーツをはく方がいいわ。

サンタ……なに……？

サンタじゃないです。

サニタリーショーツ。

生理用につくられたショーツのことよ。

そんなのがあるんだ！

サニタリーショーツの特徴

ナプキンを体にフィットさせてモレない工夫

ナプキンの羽をしまえるように２枚布になっている

よごれが落ちやすいので洗濯がラク

ぴったりだよ！

ダブルだよ！

しゃわしゃわ～

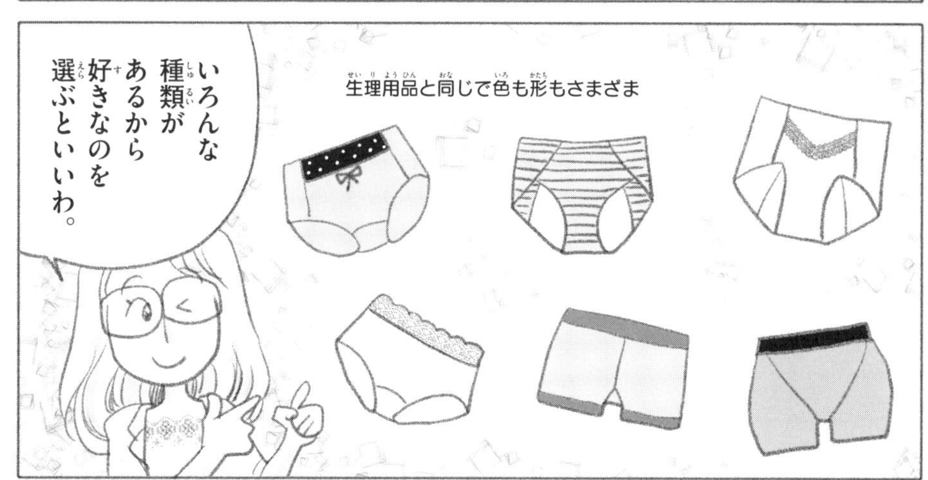

いろんな種類があるから好きなのを選ぶといいわ。
生理用品と同じで色も形もさまざま

やはり圧倒的に紙ナプキンを使う人が多いけどね。

へえ～。

	布ナプキン	タンポン
形		
メリット	天然素材であればかぶれにくい。 洗って何度もくり返し使えるので地球にやさしい。	かぶれ、においの心配が少ない。 経血モレの心配が少ない。 プールや温泉にも入れる。
デメリット	よごれた布ナプキンを密封袋などに入れて持ち歩かなくてはならない。 手洗いや煮沸消毒が必要な場合もあるので、手間がかかる。	正しい位置まで入っていないと、装着時や着脱時に痛いことがある。 入れ方が浅いと違和感があるので、おくまでしっかり入れることが大事。

あらあら
ずいぶん時間がたっちゃったわね。ごめんね。
やば！みんな心配してるかも！
ここが出口よ。
EXIT でぐち
う、うん。
またここられるかな。
いつでもわたしがご案内しますよ。
スタンプカードおつくりしますね。
ぜんぶたまるといいものプレゼント♡
スタンプカード…。
何かギモンやこまったことがあったらいつでもどうぞ。
またのおこしをー。
ありがとう宋先生、ルナ。
またね！
パタン…

学校のトイレだ。
ふーしーぎー……。
チカー！
あんなちゃんエミちゃん！
大丈夫!?
もどってこないから心配したよ。
具合悪いの？
え
うんへいき、おなかこわして……。
いや。
はずかしいことではないから
先生もいってたし。
ふたりとも心配してきてくれたんだ。正直に。
あの、じつは、
はじめてせ せ せ生理がきちゃって。

そっかぁー
じつは
あたしも
去年！
あたしは
先月。
えっ
そうなの!?
よかった！
私だけじゃ
なかったんだ！
でもまだ
なれないよー。
きもちわるくて。
アハハ
そうだよねー。
ねえねえ
あんなちゃん
サンタ
ショーツって
知ってる？
ハ？
もしかして
サニタリー
ショーツ!?
そーか、
チカはじめて
なんだもんね。
かわいいの
いっぱい
売ってるよ。
今度買いに
行こう！
マジ!?
やったー。
あたしも
新しいの
ほしいー。
わー
わー

くわしく解説

ナプキン、タンポン…生理用品どう選ぶ？

チカ：ナプキンって、本当にたくさんの種類があるんだね。

先生：そうなのよ。パッケージをよく見て、「多い日用」「軽い日用」「夜用」で使い分けないとね。**「羽つき」だとズレにくいから、運動をする日やたくさん歩く日にぴったりのナプキンよ。**

チカ：ナプキンをつけるときは、サニタリーショーツをはいたほうがいいんだよね？

先生：そうね。ナプキンがズレにくいし、経血がモレにくいようになっているから。ショーツは、体にぴったりフィットするサイズのものを選んでね。そのほうが、ナプキンがズレにくいの。

チカ：なるほど～。ナプキンは何時間おきに交換すればいい？

先生：**個人差があるけど、2～3時間に1回が目安かな。**でも、生理が始まったばかりで周期も経血量も安定していないときは、こまめに替えたほうがいいかもね。においが出やすい夏場も、早めに交換するといいよ。

チカ：モレやにおいの心配がないときは、つけっぱなしでいちゃダメ？

先生

ねるとき以外は、同じナプキンをおよそ6時間以上つけないほうがいいわね。できるだけ清潔にしていてほしいから。

チカ

お友達のおうちでナプキンを替えなきゃいけないときは、どうしよう？

先生

使用済みのナプキンは、他の人の家では捨てないのが無難かな。ビニール袋を用意しておいて、そっともち帰ろう。

チカ

なるほど。もって帰ればいいんだね。そうそう、ナプキンでかぶれたときはどうすればいいの？

先生

ナプキンかぶれには、血で肌がしめったままになってかぶれるパターンと、ナプキンと肌がすれてかぶれるパターンの2通りがあるの。**どちらの場合も、温水シャワーでやさしくすすぐだけで大丈夫。もしくは、ノンアルコールのウエットシートでそっとふいてもいいのよ。**石けんでゴシゴシ洗うのはダメ。肌をいためてしまうからね。もしくは、オーガニックコットンなど、肌にやさしい素材のナプキンをためしてみて。布ナプキンやタンポンを使うのもいいかも。タンポンは、アプリケーター（プラスチックのつつ）がついたものだと初心者でも失敗しにくいよ。

はみだしコラム

宋先生から一言！

はじめて生理がきたあなたに話しておきたいこと

はじめて生理になったとき、いろんな人がいろんな感じ方をすると思います。

「うれしいなぁ」と思った人もいれば、「面倒だなぁ」「気まずいなぁ」ととまどった人もいることでしょう。

私自身の場合は、大きなとまどいを感じました。

なぜなら、母がよく「マセた子は早く生理になる」といっていたから（この説はウソです！）。マセてると思われたくない私は、生理になってもかくしていました。でも、しばらくしてバレてしまったんです。すると、お祝いだといって赤飯を炊かれて、すごくいやーな気持ちになったことを覚えています。

私がみなさんにお伝えしたいのは、生理を無理にポジティブにとらえる必要はないということ。もちろん、ネガティブにとらえる必要もありません。そして、生理になった自分にとまどうのは決しておかしいことではなく、むしろ当然のことです。

生理になったということは、子宮などの内臓が成長とともにちゃんと働いていて「健康でよかったね」という、ただそれだけのことなのです。

生理になって困ったことがあっても、私のように「親にいいにくい」という人もいるかもしれません。そんな場合は、必ずしも親にすべてを打ち明けなくてもいいと思うんです。もちろん、無理にかくす理由もないからうまく伝えられるといいのですが、いいにくいときは、保健の先生など信頼できる大人に相談することをおすすめします。

もっと知りたい！生理のメカニズム

女の子の体の中で、
一体何が起きてる!?
赤ちゃんのもとになる卵子が
ひとつ成長して、それを育てるために
子宮がふかふかになって……
世にも不思議な生理のしくみを紹介。

2章

公園

だいたいさー。
なんで生理ってあるの？
たしかにね。
スマホで調べよっか？

ダメだよ。スマホは変な情報もあるって。
宋先生がいってた。
宋先生？
それだれ？

あ、えーと、うーんと……。
いってても信じてもらえないよね。

わかりました！
ぱ！
みなさんまとめてめんどう見ましょう！
ルナ！
わー!!

生理のお勉強ご一行様ごあんなーい。
ツアー
公衆トイレ
なにこれなにこれ!!
どうしてもトイレからなんだ…。

そうだ
スタンプ
カード。
はーい。
ポン
スタンプ
カード!?
もう脳が
追いつかないよー。
ここどこー。
大丈夫。
宋先生ー。

あらチカちゃん
おひさしぶり。
おともだちも
いっしょなのね。
うん。
あんなちゃんと
エミちゃん。
こ
こんにちは。
はじめまして。
ようこそ。

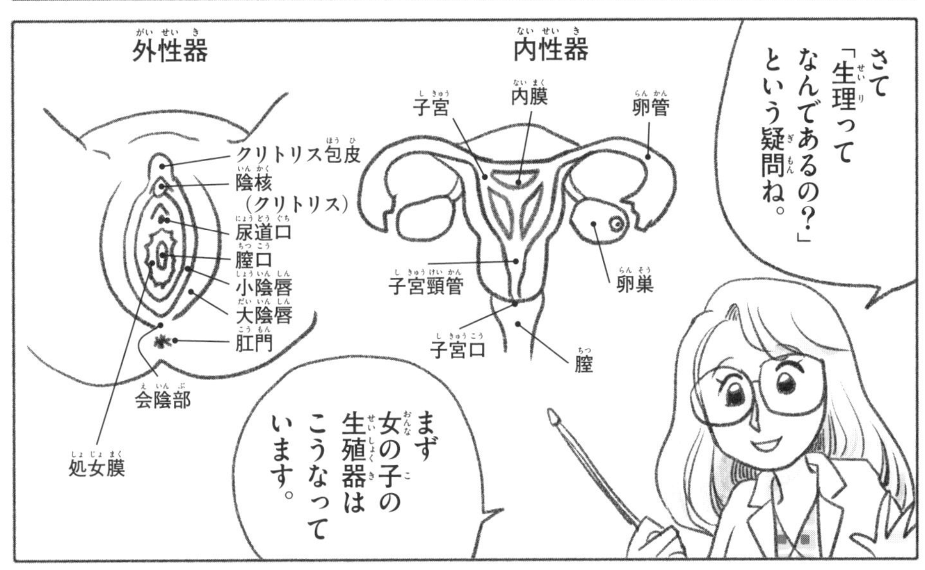
さて
「生理って
なんであるの？」
という疑問ね。
外性器
クリトリス包皮
陰核
（クリトリス）
尿道口
膣口
小陰唇
大陰唇
肛門
会陰部
処女膜
内性器
子宮
内膜
卵管
子宮頸管
卵巣
子宮口
膣
まず
女の子の
生殖器は
こうなって
います。

なんかこの図見たことあるね。
うん。
子宮はにわとりの卵くらい卵巣はうずらの卵くらいの大きさよ。
ちっさ!!

子宮って赤ちゃんが入るところでしょ。
そんなに小さくて大丈夫なのかな。
大丈夫です。胃袋といっしょ。
みんなもごはんいっぱい食べたらおなかがふくらむでしょ?
あっ、そーか。

生理は女性特有のもので医学用語では月経といいます。
ふかふか〜…
女性の体は毎月赤ちゃんのためのベッドを子宮の中につくっているの。
まくらとかふとんはないです〜

これは
妊娠のための
準備よ。
妊娠!!

それって
つまり…。
お母さんに
なるって
ことだよね。

そうね
生理がきたってことは
そういう
準備が整った体に
成長したってこと。

おお～、
そうなのか。
妊娠の
準備
なのね…。

とはいっても
じっさい妊娠
するには
心も体も
まだまだみんな
子どもですから
まだ先の
お話よ。
ハイ。

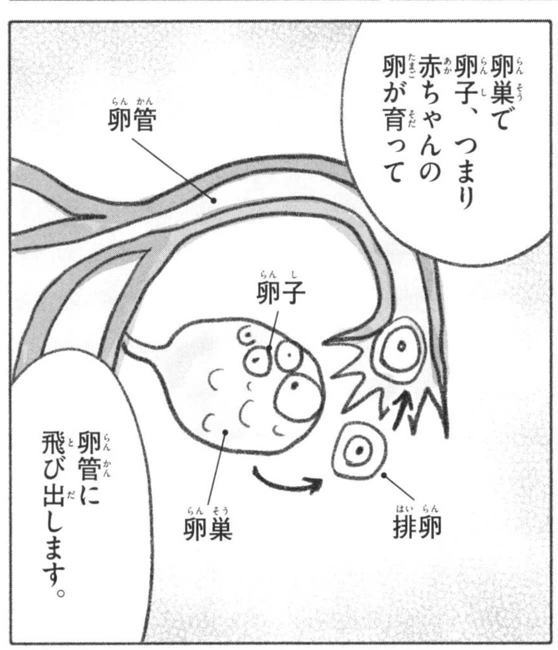

卵巣で
卵子、つまり
赤ちゃんの
卵が育って
卵管に
飛び出します。
卵管
卵子
卵巣
排卵

卵子が卵管を通り子宮に着くまでに精子と出会ったら
ばったり!
受精卵となります。
ばぶー

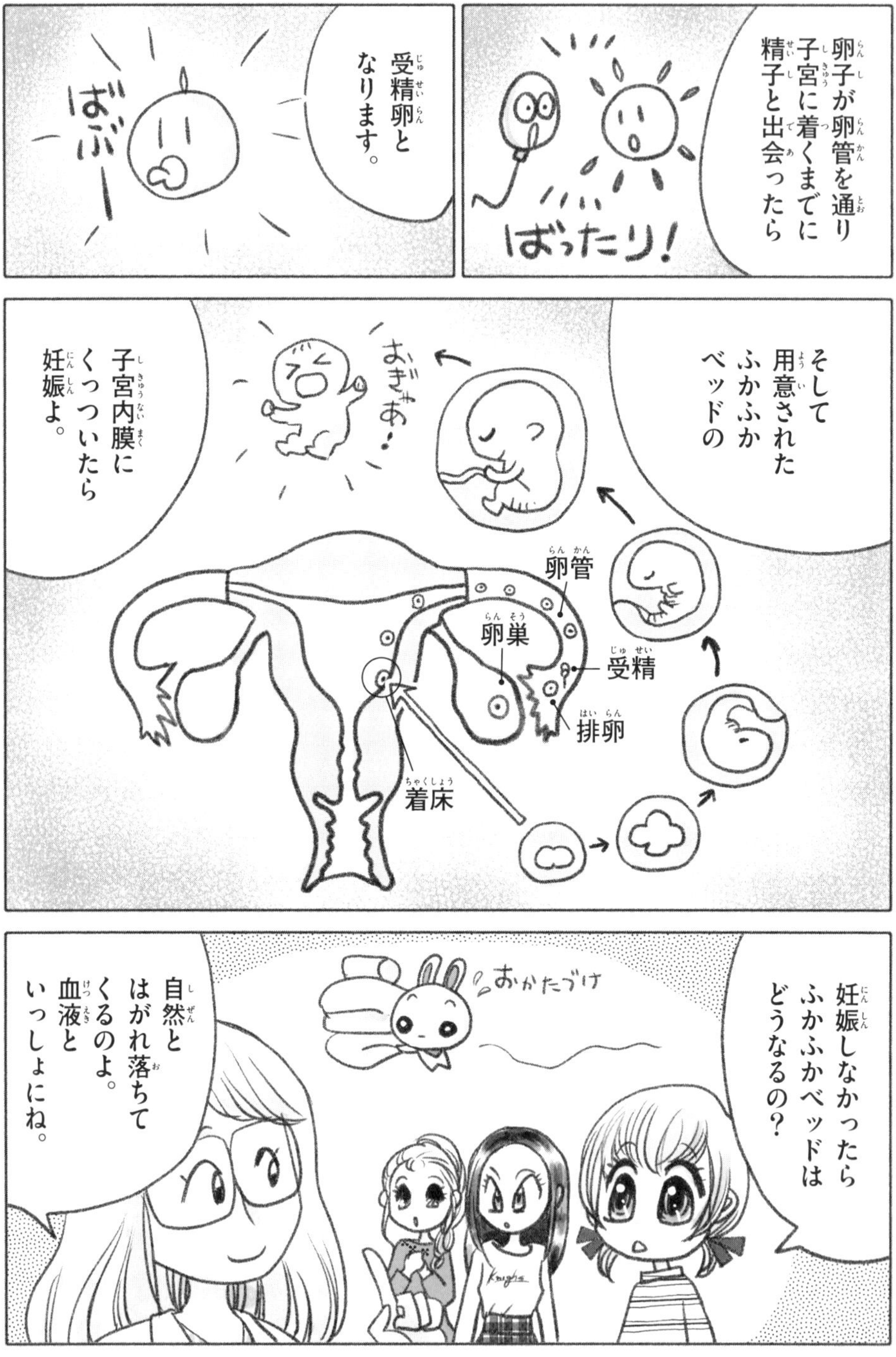

そして用意されたふかふかベッドの

おぎゃあ!

卵管

卵巣

受精

排卵

着床

子宮内膜にくっついたら妊娠よ。

妊娠しなかったらふかふかベッドはどうなるの?
おかたづけ
自然とはがれ落ちてくるのよ。血液といっしょにね。

それこそが今みんなが体験している
生理なのですよ。
へえー。

毎月毎月ふかふかベッドを用意するのね。
1回用意したら妊娠するまでそのままでよくない？
そーだそーだ。
あはは。

やっぱり赤ちゃんをむかえるのには新鮮なベッドでなきゃね。
そりゃそうか。
なっとくー。

くわしく解説

生理は妊娠するための準備！

チカ　生理の血が出てくる場所は、おしっこが出る穴とうんちが出る穴の間にあるんだね。処女膜っていうのは、そのおくにはっている膜のこと？

先生　**実際には膜じゃなくてひだになっていて穴があいているよ。左ページの上の図を見てね。**

チカ　膜じゃないんだ！

先生　膜になっていたら、生理の血を外に出せないから大変！　おなかに血がたまって痛くなっちゃうよ。治療も必要だね。

チカ　そうなんだ！　ところで、生理って妊娠するための準備なんでしょ？　私はまだ子どもだから何年も妊娠することはないと思うんだけど、それでもこれから毎月生理がくるの？

先生　そうだよ。実際に妊娠するかどうかに関わらず、体が成長して準備が整えば生理ははじまるの。自分には生理は必要ないと思っている人もいるかもしれないけど、必要かどうかに関わらず、体のしくみとして起こるんだよね。

チカ　そうかぁ。

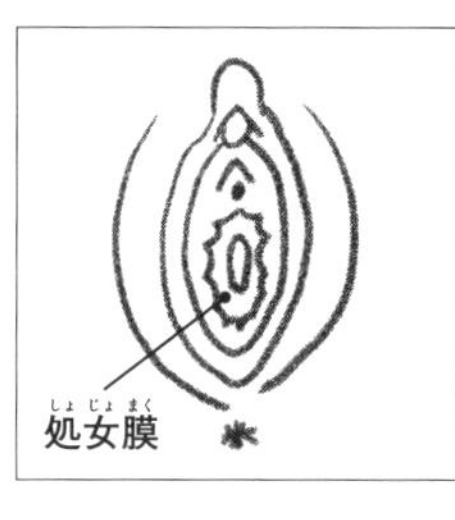

それじゃあ、妊娠ってどうやったらできるの？　卵子と精子が出会って受精卵になるっていうけど……。

先生

まず、**女性の体の中で、卵巣から卵管へと卵子が飛び出します。飛び出した先で精子と出会えば受精卵になる。その受精卵がゆっくりと子宮に向かい、ふかふかのベッドになった子宮にくっついて育つと赤ちゃんになるの。**

チカ

うんうん。

先生

じゃあ精子はどうやって卵管までたどりつくかというと、自然妊娠の場合、子宮の入り口にある膣に男の人のおちんちんが入ってきて（これを性交といいます）、そこから精子が出されるのよ。そして精子は子宮を通って卵管に泳いでいくの。

チカ

男の人のおちんちんから精子が出て、それが女の人の体の中で受精して……。なんだか想像がむずかしいなぁ。花がおしべとめしべで受粉するようなイメージでいいのかな？

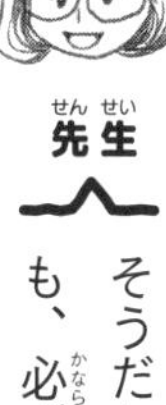

先生

そうだね。ただ、受精の確率は花よりも低いかな。卵子と精子がそろっていても、必ずしも受精できるわけじゃないんだよ。

だけどなんで生理って
毎月とかちゃんとくるんだろう。

そうよね。体が覚えてるみたいに。
時計とかあるのかな。

生理がくるのはホルモンのちからよ。
ホルモン!?

あの炭火で焼くヤツ？
どっからだしたんですか
じゅ〜〜
焼肉のホルモンとはちがいます。

生きものの体の中ではさまざまなホルモンが働いています。
くすくす
その中で生理に関係している大事なホルモンは

エストロゲン（卵胞ホルモン）と、
プロゲステロン（黄体ホルモン）！
わお!!

すごい名前。
戦うヒーローか魔法使いみたい。
アハハ、それいいね。それでいこう。
とー

卵巣が脳に指令されて卵胞細胞が育ち始めると
エストロゲーン!
やーっ
エストロゲン（卵胞ホルモン）が出ます。

このエストロゲンに反応して子宮内膜が厚いベッドになるの。
せっせ せっせ
ベッドメイキングヒーローか。

エストロゲンが十分働いたら
ふー

脳が排卵をうながします。
ぽん!
卵巣から卵子が飛び出すの。

排卵の後卵巣はプロゲステロンを出しながら
まほうのじゅもん
ププリラ
ププリラ
プロゲステローン♪
えいやっ
子宮をよりよい環境にします。

へええ。それがほぼ毎月サイクルになってるんだ。
すごいメカニズムだよね。
ホルモンってすごい!

エストロゲン（卵胞ホルモン）	プロゲステロン（黄体ホルモン）
・卵巣や脂肪組織などにある ・思春期の乳房の発育に関係する ・子宮内膜を厚くする ・LDLコレステロールの低下、骨量の維持 …など	・エストロゲンによって厚くなった子宮内膜を、受精卵が着床しやすい環境に整える ・子宮の筋肉の収縮をおさえる ・基礎体温を上げる …など

まとめるとこうね。

みんな基礎体温って聞いたことない？
なんとなく。
でもどんなイミかわからないよ。
ふたつのホルモンの働く周期によって
体温は微妙に上がったり下がったりするの。
うえにまいりまーす
○○○○
チーン

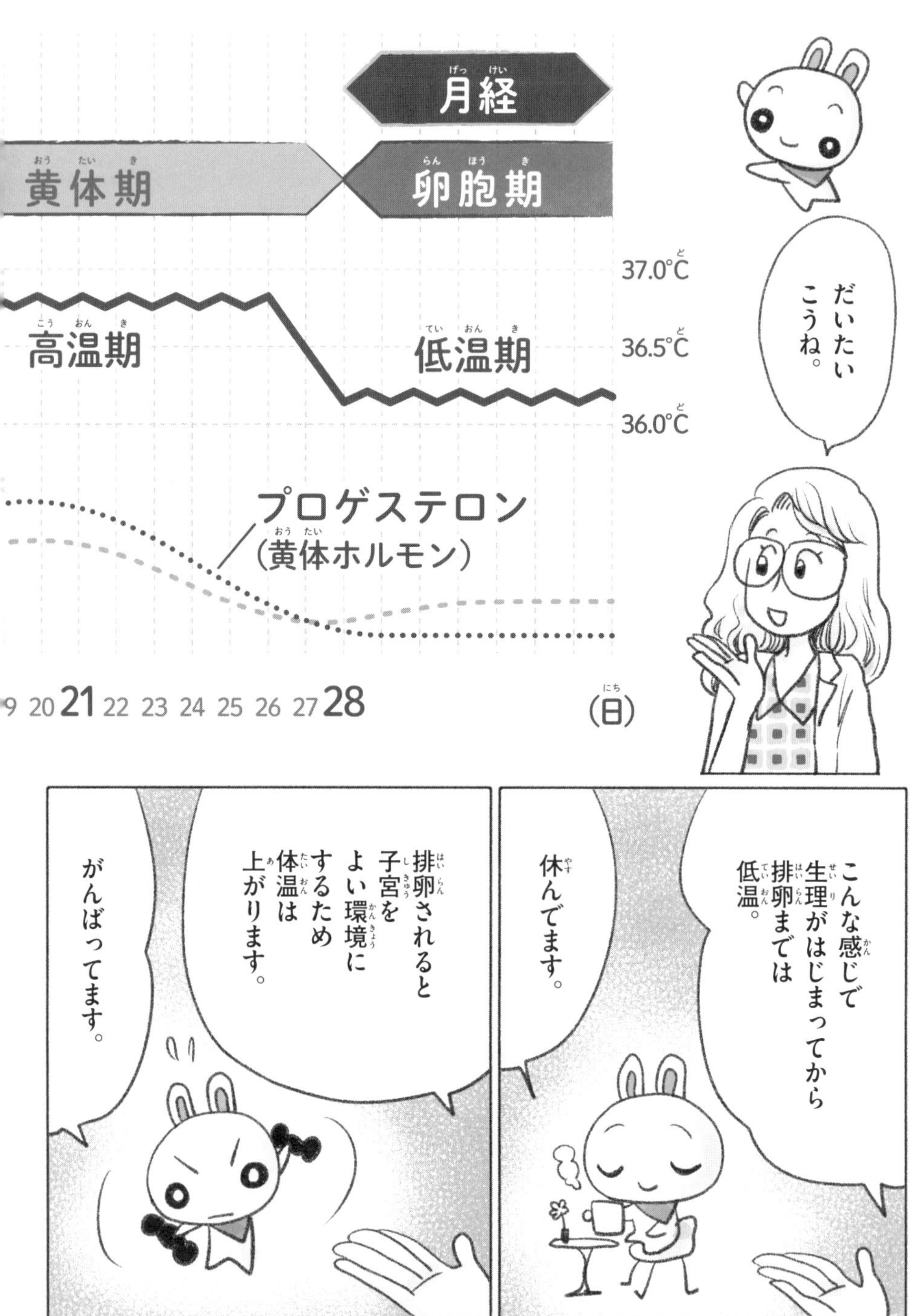
月経
黄体期
卵胞期
37.0℃
36.5℃
36.0℃
高温期
低温期
プロゲステロン（黄体ホルモン）
9 20 21 22 23 24 25 26 27 28
（日）
だいたいこうね。
こんな感じで生理がはじまってから排卵までは低温。
休んでます。
排卵されると子宮をよい環境にするため体温は上がります。
がんばってます。

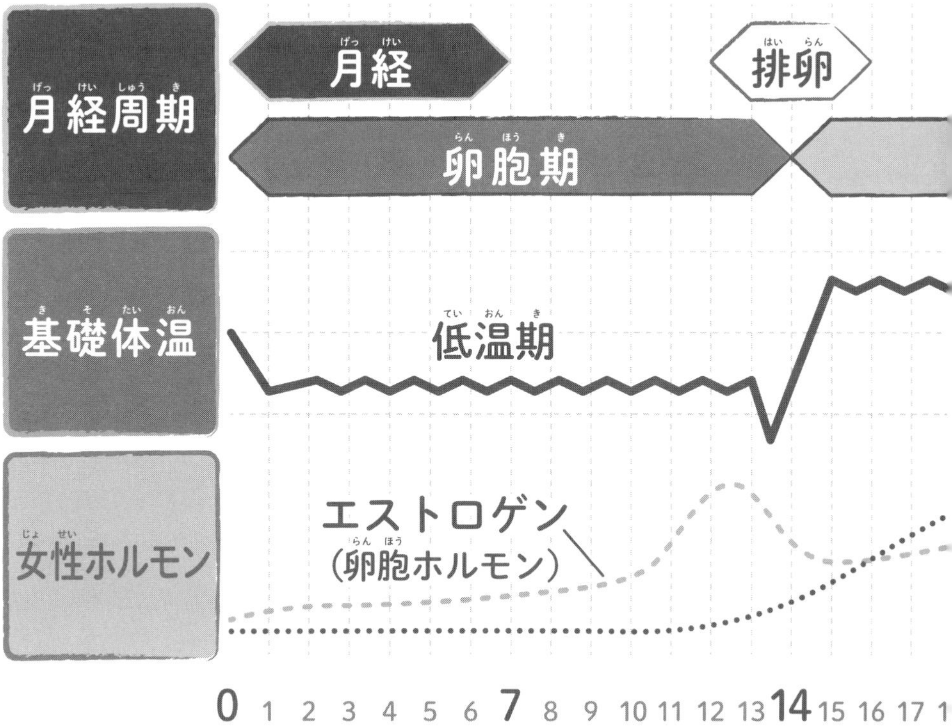

月経周期

月経　排卵

卵胞期

基礎体温

低温期

女性ホルモン

エストロゲン
（卵胞ホルモン）

0 1 2 3 4 5 6 7 8 9 10 11 12 13 14 15 16 17

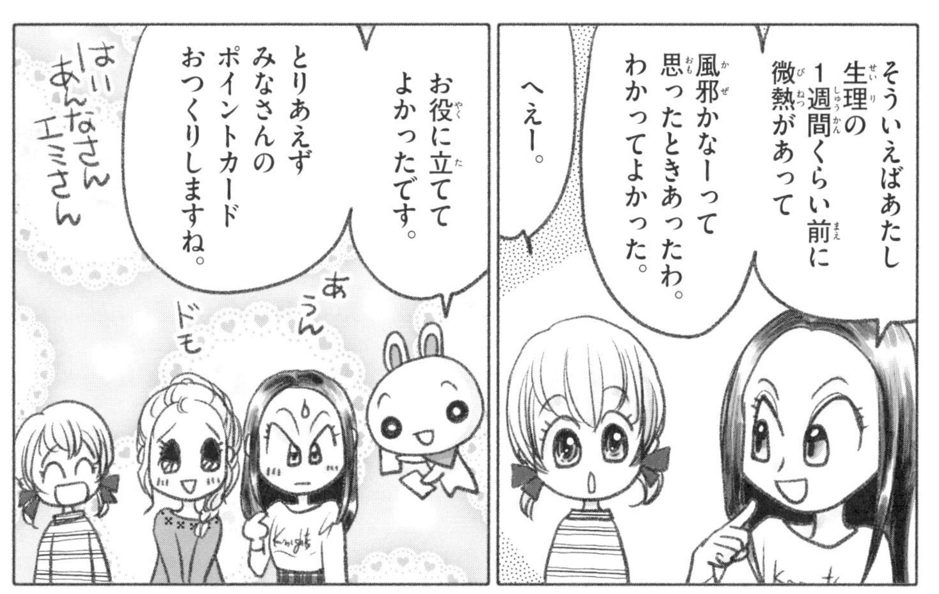

くわしく解説

まさにヒーロー!? すごいよ女性ホルモン！

チカ **エストロゲン（卵胞ホルモン）とプロゲステロン（黄体ホルモン）**って、いいにくい名前だね。舌をかみそうだよ。

先生 ははは。そうね。でも、とっても大切なものなのよ。この2つのホルモンのおかげで生理がくるんだから。

チカ 見えないところでホルモンががんばってくれてるって感じ？

先生 そうなの。そして、ホルモンが変化するサイクルの中で体調や気分も変わっていくの。

チカ 体調や気分も？

先生 ええ。体温も変わるからね。

チカ 体温って、熱が出たとき以外はいつも一緒なのかと思っていたよ。

先生 ものすごく体温に差があるわけじゃないけど、**やや体温が低い時期→やや体温が高い時期のサイクルが女の人にはあるのよ。**生理がはじまってから、次の排卵が起こるまでは体温が低い時期。

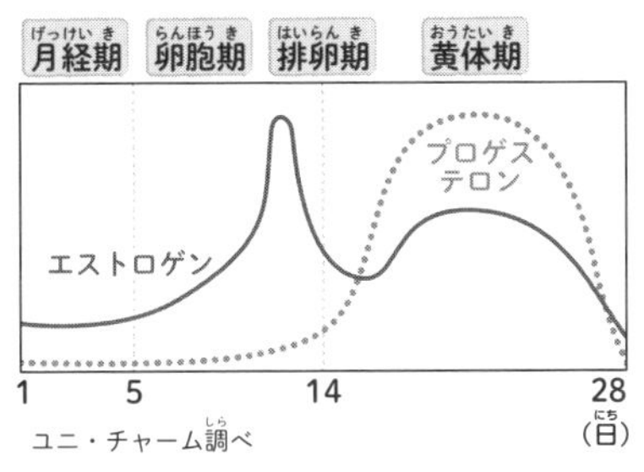

そして、そのときに卵子を育てるよう働きかけているのがエストロゲンね。そして、排卵が起これば体温は高くなってくる。そのころ子宮は、**子宮内膜をふかふかのベッドにして受精卵を育てやすいように準備をしているの。**このときに働きかけているのがプロゲステロンね。

チカ おおー魔法使いっぽいプロゲステロン!

先生 受精卵のためのふかふかベッドを用意するんだけど、受精卵ができなかった場合は片づける必要があるの。**ふかふかベッドは、はがれ落ちた子宮内膜として体の外に出される。これが生理の血の正体。**生理のあと、次に卵子が出てくるまでは、また体温が低い時期にもどる。このとき、体調も気分もよくなることが多いわね。基礎体温を測りながら体で感じてみてもいいかも。

チカ 基礎体温って、どうやって測るの?

先生 朝、目が覚めた直後、体を動かす前に測るのよ。起き上がる前に、体温計を舌の下に入れて測るといいわね。毎日決まった時間に測って、グラフに記録してみるの。そうすれば、一定のリズムがあることがわかってくるはずよ。

はじめての生理から
1か月以上たったのにこない！
あたしびょーき!?
大丈夫だよ宋先生に聞いてみよう。
女子トイ
うん。
いらっしゃーい。
最初のうちは1か月以上こなくても大丈夫よ。
はじめからきちっと規則的にくる人のほうがめずらしいの。
よかった。
でもせっかくだから心配な生理について話すわね。
まず回数や血が少ないほうから。
きょくたんに回数が少ない「ときどき生理」（希発月経）

3か月以上こなかったら排卵がスムーズにいっていないかもなの。
今月もこない…

「ないない生理」(無月経)も考えられるわね。
ホルモンがうまく出ていない可能性があります。

あと「一瞬生理」(過少月経 過短月経)
あれ
2日目なのに
ちょびっ
血の量がきょくたんに少ないことを「過少月経」といいます。

そして2日くらいでおわってしまうものを「過短月経」というの。
いろいろあるんだね。

血の量が少なかったり日数が短かったりしたらトクだけどな。
だよね。

内膜癒着という病気がかくれていることも多いのでほうっておいてはダメなのよ。

卵巣機能不全なども考えられるわ。
なんかこわそう。
それにどんなときでも
生理以外の出血は要注意よ。

不正出血といってホルモンバランスの乱れが大半ではあるけれど
ウヘヘヘ
びょうき
ばいきん
ヒャヒャ
炎症やできもの傷やその他の病気の可能性が考えられるわ。
わわこわい！

少しでも変だと思ったら婦人科にきがるに相談してね。
何もなくても安心するためだけにでもね。
はーい。
じょうずに利用してください。
さっさっ

注意が必要な生理を知っておこう

先生
ここでは、要注意な生理について改めて説明するわね。まずは、**「ときどき生理」**。これは、生理が終わってから次の生理がはじまるまでの間に、日数があきすぎる生理のこと。目安としては、**39日以上3か月以内あいているもののことで、正式には「希発月経」というの。**生理がはじまって数年ほどはよくあることで、原因としては、排卵がスムーズにいっていないことが考えられるわね。

チカ
3か月以上こないときは?

先生
その場合、**「ないない生理」といってホルモンがうまく働いていないのかもしれない。「無月経」といわれる状態ね。**

チカ
生理がこないのはラクだけど、トラブルがあるとしたら心配だなぁ。

先生
そうね。生理の回数は少なすぎても困るけど、多すぎるときにも注意が必要よ。ひんぱんに生理がくるときは**「たびたび生理」**かもしれないわね。正式には**「頻発月経」といって、出血していても排卵が起こっていない可能性があるの。**生理と生理の間が2週間以内のときは「たびたび生理」をうたがってみて。

チカ
2週間おきに生理がきたら、大変そう～。

先生

回数が多いだけじゃなく、生理の期間が長い場合も気をつけて。8日以上出血が続くようなら**「ダラダラ生理」**かもしれないわ。これは**「過長月経」といって、ホルモン異常によるもの**なの。卵巣機能不全などの病気がかくれているかもしれないから、婦人科で診察を受けてみてね。

チカ

はーい。

先生

出血が少なすぎたり期間が短すぎたりする**「一瞬生理」**にも要注意。**出血量が少なすぎる過小月経や、2日くらいで生理が終わってしまう過短月経は、ホルモンが少なくなっていることが原因かもしれない**わ。

チカ

生理は長すぎても短すぎてもよくないんだね。

先生

そうね。あとは、生理以外のときの**「不正出血」**にも注意して。ホルモンバランスの乱れによることが多いけど、炎症や子宮頸管炎、子宮筋腫、子宮がんなどのケースもあるの。「この生理、ヘンかも?」と思ったら、婦人科に相談してみてね!

はみだしコラム
宋先生から一言！

HPVワクチンを受けよう！

子宮頸がんってなに？

子宮頸と呼ばれる子宮の一部にがんができることがあり、それを子宮頸がんと呼びます。原因は、性交によって、HPV（ヒトパピローマウィルス）に感染すること。とはいっても、健康なときにこのウィルスに感染しても、50〜80%は自然に消えます。ただ、ウィルスに抵抗する力が落ちていたりすると、長い間感染した状態が続くことになり、がんになってしまうことがあるのです。

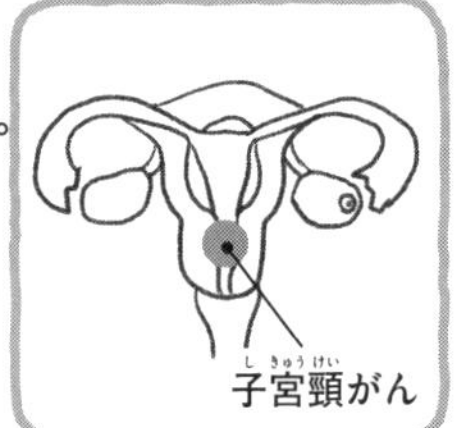

どんな人がかかるの？

日本では１年に１万人ほどがかかり、そのうち3000人ほどが亡くなっている病気。20代から30代後半のこれから妊娠する、という年齢の人によく起こるのが特徴。子宮頸がんになった場合、早期なら、円錐切除といって子宮頸部を薄く切り取る手術ですませられることもありますが、今後妊娠したときの早産のリスクを高めてしまいます。

HPVワクチンとは？

10歳代前半でHPVワクチンを注射します。HPVワクチン接種後に体に痛みが続くなど「多様な症状」が起きたという報道がありましたが、厚生労働省専門部会（2017年11月）でその原因がHPVワクチンであるとは示されず、思春期特有の身体症状と考えられるとの見解が発表されています。WHO（世界保健機関）では積極的に接種をすすめています。

3章

生理の「困った」にアンサー！

モレるのがイヤ、
生理痛がつらい、
生理の日をズラしたい……
解決できない悩みはない！
生理中の女の子あるあるに答えます。

悩み　寝返りでモレてしまう

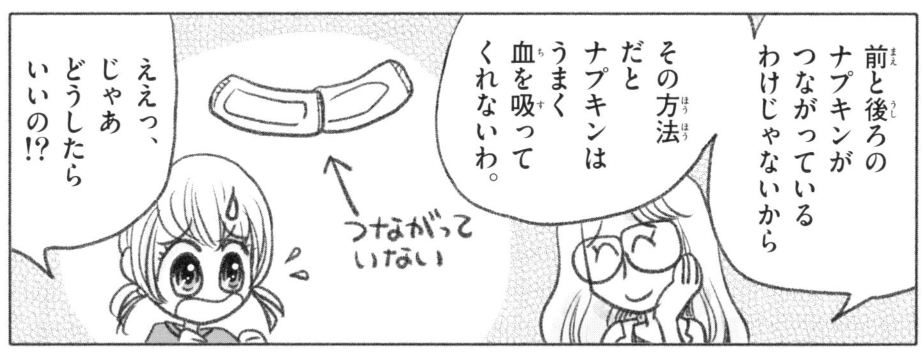
前と後ろのナプキンがつながっているわけじゃないから
その方法だとナプキンはうまく血を吸ってくれないわ。
つながっていない
ええっ、じゃあどうしたらいいの!?

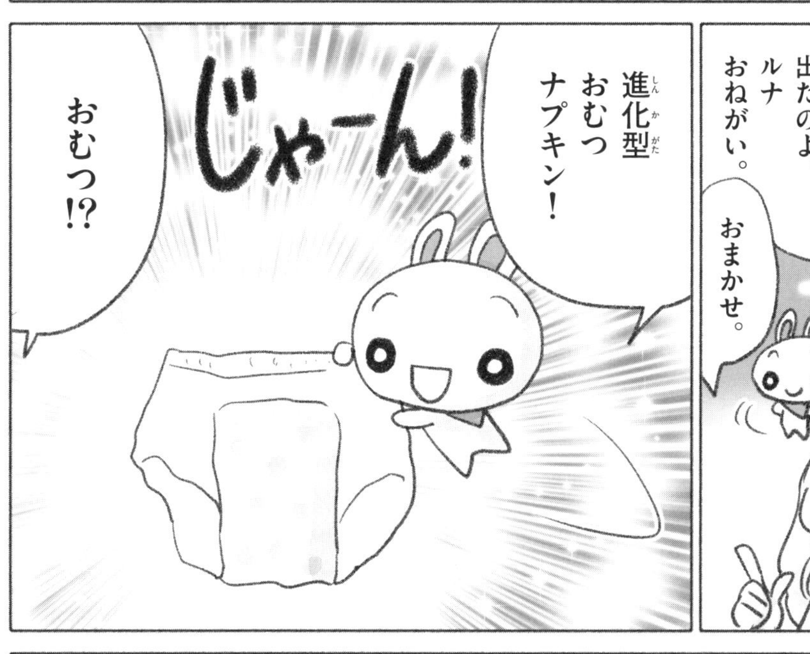
じつは最近いい商品が出たのよ。ルナおねがい。
おまかせ。
ごそごそ
進化型おむつナプキン!
じゃ〜ん!
おむつ!?

そう完全パンツ型。
これならめったにモレることはないわね。
えっへん
わーっ、いいなコレ!!

他にもタンポンと夜用ナプキンを両方使うとか
シーツが汚れないようバスタオルをしいて寝るとか。
いろいろ方法はあるわ。
なるほどくふうだね。
横モレとかで下着が血で汚れるとすぐしみになって使えなくなるからなー。
むっ!?
ちょいまち!
他の洗濯ものと同じようにあつかってませんか?
だだめなの?
だめですよ!生理に限らず血がついた衣服は
すばやく水でおとーす!
水!?
じゃんじゃんじゃーん♪
テーマふたたび!
血液のよごれはたんぱく質のよごれです。
ちゃっぷん

なのであったかいお湯だとかたまってしまいます。

EGG

じゅう

とろとろのたまごもゆでるとかたまるでしょ？たんぱく質だから。

あー！そうなのか！

ショーツの材質にもよるので洗濯表示を確かめて

30

水洗いOKならまず30℃以下のお水で洗ってください。

もとどおりきれいになりますよ。

そっかありがとう。

お洗濯にくわしいねルナ…。
そりゃもう先生の執事ですから。
えっへん
あなた執事だったの…。

モレ対策、実はいろいろある！

先生　モレ対策のよくやりがちなまちがいにナプキンの前後2枚重ねがあるんだけど、まさかチカちゃんもやっていたとは……！

チカ　みんなそうやってるのかと思って……てへ。

先生　その方法だと、ナプキンのつなぎ目からモレやすいのよ。基本は、**「サイズの合ったサニタリーショーツ＋夜用の大きなナプキン」**。夜用は大きいし吸収量も多いから、ズレない限り大丈夫。もしくは、**「タンポン＋ナプキン」**。さらにバスタオルをしいておけばまず安心！　それでも寝相が悪くて（？）どうしてもズレてしまってモレるようなら、**「パンツ型ナプキン」**という最強アイテムがあります。先生がチカちゃんくらいのときは、こんな商品なかったな～。いいな～。

チカ　パンツ型ナプキン！　これなら安心だな。

先生　そうそう、修学旅行や家族旅行とか、絶対に失敗したくないときにいいよね。生理2日目とか不安な日にもおすすめ。

チカ　でもなかなか売ってないみたい。

先生

たしかにそうだよね。でも、大きなドラッグストアに行けばあるみたいだよ。なかなか買えないという人は、おうちの人にお願いして、ネットストアなどで買ってもらおう！

チカ

コンビニとかで買えるようになるといいのにな。

先生

そうだよね。みんなが使うようになれば広まっていくかもしれないね。あと、もしパジャマやシーツをよごしてしまったときは、**なるべくすぐに水でもみ洗いしながら洗い流すこと。**これでかなりよごれは落ちます。

チカ

はーい！

先生

そうそう、いろいろモレない方法を伝えたけど、1時間くらいでナプキンを替えないとモレてしまうくらい出血量が多いのは考えもの。「過多月経」の可能性があるので、婦人科に行ってみようね。

チカ

そうなんだ！
モレるのは、なんとなく自分のナプキンの使い方が悪いのかな、って思っちゃってたけど、もともと出血量が多いということもあるんだね。

宋先生！
あんなちゃんが！
うう～。
まあ
あんなちゃん
どうしたの？
ひどい顔色！

生理で
おなか痛い～。
生理中
なのね。
ここに
寝て。

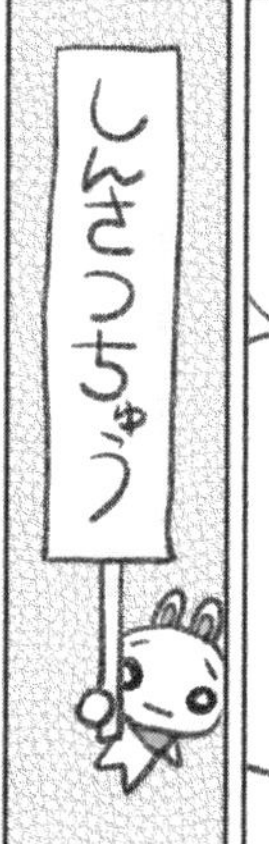
しんさつちゅう

大丈夫。
お薬
飲んで
しばらく
休んでて。
はいい～。

生理痛の主な原因は
生理中に
プロスタグランジン
という物質が出ること。
でで～ん
その量が多いと
子宮の収縮が強くなり
生理痛を起こすの。
※画像はイメージです

生理痛はすごく個人差があって
日常生活にさしさわりがあるほど痛いものを「月経困難症」というのよ。
えっ病名がつくんですか!?

うちのおばあちゃんあたしが生理痛ひどいーって寝てると
病気じゃないんだから起きて手伝いしろ!とかいうよ。
うーん昔の人にはそういう人も多いかもね。
ヒドイ!!

わたしは「大事な用事の日に生理が重なったらいやだ」と思う人は
生理が重くて月経困難症の可能性がある人だと思うのよ。

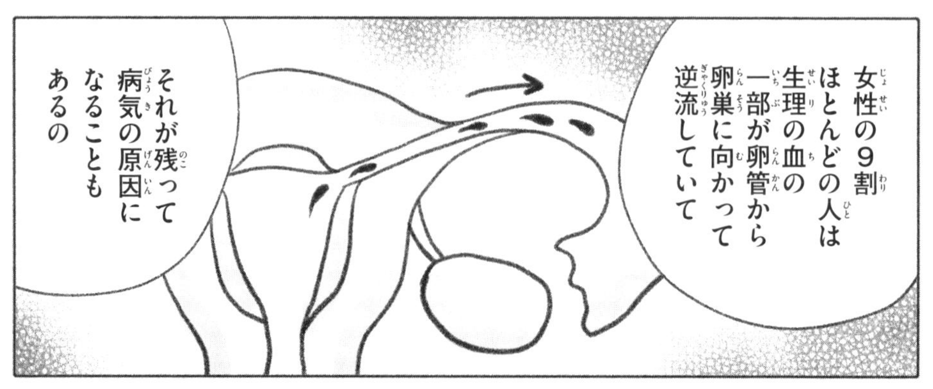
女性の9割
ほとんどの人は
生理の血の
一部が卵管から
卵巣に向かって
逆流していて
それが残って
病気の原因に
なることも
あるの

子宮内膜症や
卵巣の
チョコレート
嚢胞(下の絵)などね。
子宮内膜症の人の
9割が
生理痛を訴えるし
痛みがひどくなって
赤ちゃんが
できにくく
なってしまう
ことがあるの。
ええっ!

チョコレート嚢胞は
がんになる可能性が
あることも
わかっているわ。
こ
こわいい~~~。

だからね
「生理痛は
病気じゃないから
がまんしろ！」は
間違いなのよ。

婦人科に
ちゃんと相談
するべきだし
痛み止め…
鎮痛剤も
服用すべきよ。
薬局や
婦人科で
相談して
上手に
利用する
べきね。
なるほど。
あんなさん
顔色よくなって
きましたね。

お薬と
こわい話で
痛みが
なくなって
きたよ。
よかったー
こわい
話は
カンケー
ないでしょ。
アハハ
よかったわね。

生理痛はガマンしない！はもはや常識です

チカ：生理痛の犯人は、生理中に出されるプロスタグランジンという物質だったんだね。これも舌をかみそうな名前……。

先生：そうなのよ。なかなか覚えられない名前よね。覚える必要はないけど、痛みの犯人がわかるとイメージしやすいよね。この物質が多ければ多いほど、子宮収縮が強くなって痛みが起こるの。生理痛には個人差がすごくあるし、同じ人でもそのときどきでちがうのよ。

チカ：たしかに生理中でも生理だって感じないときもあるし、おなかが重いーってつらく感じるときの両方があるような気がする。

先生：でしょう？　プロスタグランジンは、**子宮だけじゃなく全身の血管を収縮させるから、おなかだけじゃなく頭や腰が痛くなることもあるのよ。**だるくなったり、吐き気や下痢が起こったりすることも。生活がつらいほどの不調の場合は、月経困難症の可能性があるの。

チカ：月経困難症？

先生：そう。**軽い生理痛は女性の70～80%にあるといわれているけれど、重くなると、起き上がれなくて一日中横になってしまうこともあるの。**

チカ

うー。それはきつい！
どうしたら自分が月経困難症かどうかわかるのかな？

先生

月経困難症の診断は、産婦人科で、本人の自覚症状によって行われます。お医者さんが話を聞いて判断するのよ。

チカ

そうかー。
生理痛の中でも病名がつくくらい、つらいものもあるってことだね。

先生

そうなのよ。
それと、これは本当に大人でも知らない人が多いんだけど、子宮内膜がはがれ落ちた経血が膣から体の外に出るだけじゃなく、卵巣に向かって逆流しているのよ。

チカ

それ、本っ当にビックリ!!

先生

生理のある女性の9割が逆流しているといわれているのよ。
逆流した経血（つまりはがれ落ちた子宮内膜）が、そのまま卵巣のまわりに「ひっこし」して、生理のたびにそこから出血するようになってしまうこともあるの。

チカ
え!? ひっこし!?

先生
そう。子宮から卵巣のまわりへ「ひっこし」するの。
これが子宮内膜症。**子宮内膜症の30〜50%が不妊症（妊娠しにくい状態）だといわれています。**

チカ
痛いのを放っておくと、赤ちゃんができにくくなっちゃうかもしれないんだね。

先生
そうなの。
ほかにも卵巣に経血がたまってチョコレート色になったものを卵巣チョコレート嚢胞というんだけど、これはがん化のリスクもある。

チカ
生理痛の裏ではそんなこわいこともあるんだね。

先生
生理痛が重い、つまり月経困難症の人は子宮内膜症になるリスクが少し高いので、早めに対処をしておくことが大事です。
主にピルの仲間の薬でコントロールすることになります。ピルについて、くわしくは89ページで説明するね。

チカ
こわいことも多いのに、生理痛って軽く見られている気がする……。

先生（せんせい）

生理痛で体調がつらいときはガマンしない！　これ鉄則！
「病気じゃないからガマンしろ」というのは、完全なまちがいなの。

チカ

わかりました！

先生（せんせい）

つらいときは婦人科でお薬をもらったり、ドラッグストアの薬剤師さんに相談したりして、症状にあった痛み止めを教えてもらうといいわよ。

チカ

痛み止めは、痛くて痛くてどうしてもガマンできないほど痛いときに飲むんだよね？
すぐ飲んじゃダメだよね？

先生（せんせい）

いやいや、痛み止めは飲んでもすぐにはきかないの。
「これから痛くなりそう」っていうときに、前もって飲んでおこうね。

チカ

でも、薬って、体に悪いんじゃない？

先生（せんせい）

用量を守っていれば、肝臓と腎臓がすべて外に出してくれるから、気にしすぎないで大丈夫よ。

――というわけで!
生理痛はがまんしないほうがいいんだって!

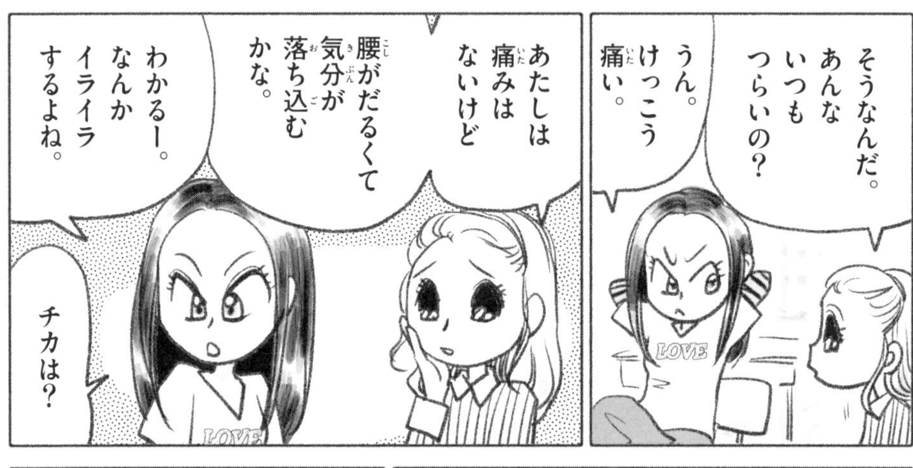
そうなんだ。あんないつもつらいの?
うん。けっこう痛い。
あたしは痛みはないけど腰がだるくて気分が落ち込むかな。
わかるー。なんかイライラするよね。
チカは?

メチャクチャ眠くなる!
ふだんの1.5倍くらい眠い!!
なんなの。そのナゾの数値。
いろいろあるのね。先生に相談ね。
宋先生のお部屋
そうねー。
ホントに生理の時の症状は人それぞれね。

大きく分けて心の症状と体の症状があるわ。
心の症状は抑うつ…落ちこんだり
怒りっぽくなったり
ぷんすか!
はあ〜あ…
イライラしたり不安だったり。
イライラ イライラ イライラ

ブツブツ

ひきこもる人もいるわ。

気分的にわかるなあ。

うん。

LOVE

体の症状はおっぱいが張ったり

おなかの膨満感(ふくれた感じ)下痢だったり便秘だったり

どいーん

食欲がおうせいになったり逆に食べたくなくなったり。

ぱくぱく

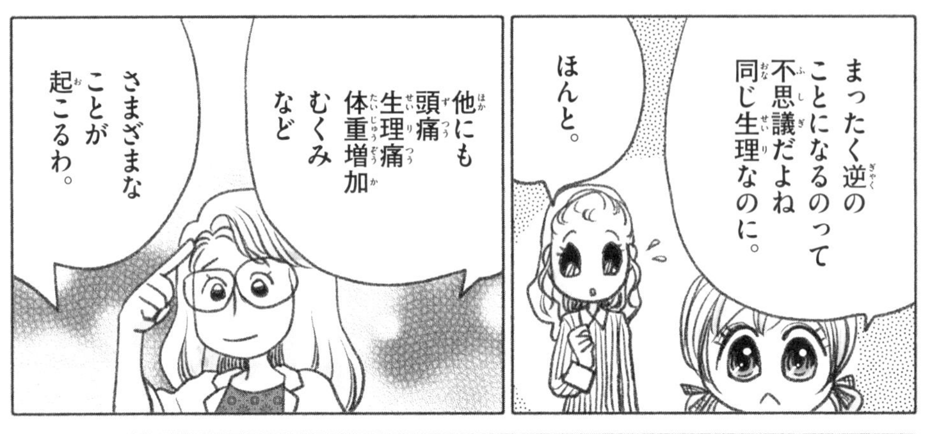

まったく逆のことになるのって不思議だよね同じ生理なのに。
ほんと。
他にも頭痛生理痛体重増加むくみなど
さまざまなことが起こるわ。

それらをまとめて月経前症候群（PMS）といいます。
PMS
PMSのメニューどうぞ
ヤダ
なぜそんなふうになっちゃうのかな。
LOVE

まだはっきりとはわかっていないのだけどエストロゲンとプロゲステロンふたつのホルモンがあやしいとされているわ。

ええ〜…

えっ

症状がひどければ婦人科へ漢方薬やピルなどお薬でよくなることが期待できるわ。

なるほど。

感情のコントロールがきかなくなる時もあって
まわりから「なにあの人」とか「むかつく」とか誤解されてしまう時もあります。

生理の時はなるべく正直にまわりの人に話したほうがいいわ。
でも…男子とかに聞かれちゃったら…。
気持ちはわかるわ。でもぜひ聞いてもらってください。
前にも説明したけど生理は男性にも関係あること。

きちんと学んでもらって思いやりをもってもらうこともとても大事です。
お・も・い・や・り
そうかあ。
がんばってみる!

月経前症候群（PMS）を考えよう！

くわしく解説

先生　生理の3日～10日前くらいに、心と体の調子が悪くなることを、**月経前症候群（PMS）**といいます。**50～80%の人がこの状態にある**といわれているの。

チカ　そんなに多いんだ！　めずらしいことじゃないんだね。

先生　人によって、あらわれ方がさまざまなの。体と心、それぞれに症状があって、まず体では、**おなかの膨満感（ふくれた感じ）に下痢や便秘、食べ過ぎたり食欲が落ちこんだり……。**

チカ　わかる！　生理前は、やたらとおなかがすく気がする！

先生　お、自分の体の変化をきちんと感じていてすごいね。

チカ　えへへ。特にあまいものが食べたくなるなー。

先生　チカちゃんみたいに味覚が少し変わる人もいるようね。次に心の変化。**暗い気持ちになって落ちこむ人もいれば、イライラしたりおこりっぽくなったりする人もいるのよ。不安になったり、集中力がなくなったりする人もいるし、ぼーっとして、ねむくなる人もいる。**

身動きがとれないほど重い人もいれば、なんとなくつらいかなぁという程度の軽い人もいるの。

チカ

暗くなって落ちこむのと、イライラしておこりっぽくなるって、全然ちがう症状のような気がするけど……、どっちもPMSなんだ!

先生

そうなの。
これには、もともとの性格も関係すると考えられているの。
たとえば、**普段から落ちこみがちな性格の人は、生理の前にそれがひどくなる。**
イライラしがちな人は、もっとイライラしてしまう。

チカ

なるほど〜。

先生

だから、心の症状で困ったときには、婦人科で体を診てもらうだけじゃなくて、**ぜひ心療内科で心の状態も診てもらいましょう。**両方のお医者さんが診察内容を共有すれば、効果が出やすい治療やお薬を見極めることができるから。

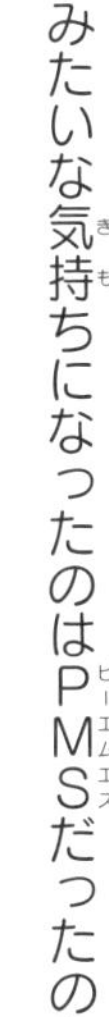

チカ

そういえば、この間の生理の前、〝ずっとふとんをかぶって泣いて暮らしていたい……〟みたいな気持ちになったのはPMSだったのかな。

チカ

お友達とけんかをしたあと、すごく悲しい気分になってしばらく部屋にこもっていたの。
私にはめずらしいことだから、おかしいなと思っていたんだ。

先生

そうかもしれないね。
心の症状って目に見えないし、普段とのちがいに気がつきにくいから見落としがちなのよ。

チカ

そうかぁ。生理の前に「なんだかおかしいかも」と思ったら、PMSの可能性があるのかもね。
でも、つらくなったとしてもまわりの人に理解してもらうのはむずかしそうだね。特に男子とか……。

先生

そうね。男の子にはわかりにくいかもしれないし、話をするのは気まずいよね。
でも、生理は自然現象。
男の子にも、きちんと理解してもらって思いやりある行動をとってほしい。男の人と女の人がもっとわかり合えるようにしていきたいよね。

チカ

うーん、どうしたらいいんだろう……。

先生

もっとみんなで生理について話していけるといいよね。でも、チカちゃんのお母さんや私の時代とちがって、だんだん話せるような世の中にはなってきていると思うよ。

チカ

そうなんだ〜。

先生

つらいときには、学校の先生にも伝えてみてね。PMSだと知らなければ、「さぼっている」「だらしない」って誤解されているかもしれないから。大人になってお仕事をするようになったら、職場の人にも伝えたほうがいいかもしれない。

誤解されたりめいわくをかけたりすることを、できるだけさけながら、PMSとうまくつきあう方法を見つけられるといいわね。

チカ

うん。PMSが大変な人はみんなで助けてあげたいね。人によってつらかったりつらくなかったりするから、軽い人は重い人に対して、「おおげさだなぁ」とか思っちゃうこともありそう。

先生

そこは相手に対する想像力が必要だよね。

チカ

うん。自分は想像できる人でいたいと思う！

悩み　生理の予定日はズラせる？

ピルってなあに?
排卵をコントロールするお薬よ。
大切なお薬だから薬局にはないの。お医者さんに処方してもらわないと使えないわ。
へぇー。

ピルはエストロゲンとプロゲステロンそれぞれのはたらきに替わるお薬が入っています。
やっ!
服用することで排卵を休止して子宮内膜もうすくなるわ。

生理周期のコントロール生理痛や生理不順PMSの改善
○月
1 2 3 4 5 6
7 8 9 10 11 12 13
14 15 16 17 18 19 20
21 22 23 24 25 26 27
28 29 30 31
卵巣がん子宮体がんの予防などに効果があるの。

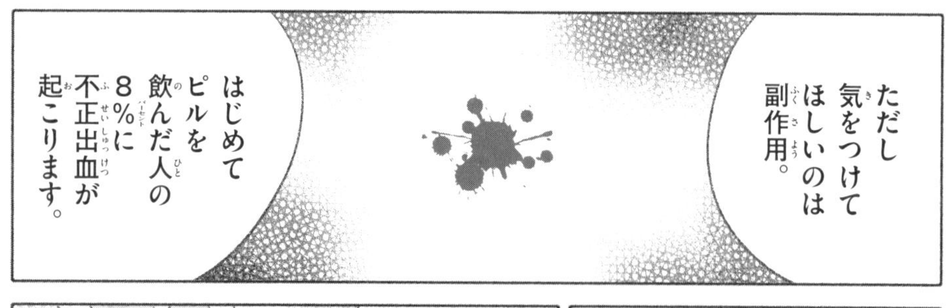
ただし気をつけてほしいのは副作用。
はじめてピルを飲んだ人の8%に不正出血が起こります。

吐き気やむくみが起こることもあるけど
ほとんどは軽くて一時的なもの。

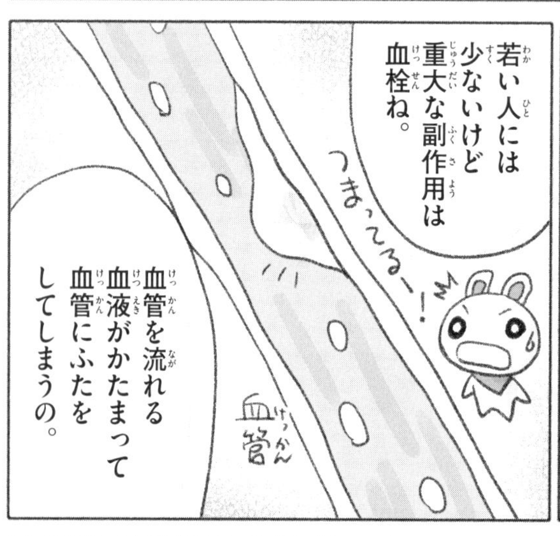
若い人には少ないけど重大な副作用は血栓ね。
つまってるー!
血管を流れる血液がかたまって血管にふたをしてしまうの。
血管

これはふくらはぎに起こることが多いのでふくらはぎが痛くなったら病院へ行きましょう。
ひええ。

なんだかこわいこともあるんだね。
大丈夫なんでしょうか。

車の運転のようなものと考えましょう。
いいかげんにして気をつけないでいると事故が起こるけどうまく使えば便利。
あっそうか。

安全運転に気をつけて
ピアノの発表会がんばってね。
ありがとうございます！
ピアノすてき！見に行ってもいいですか？
もちろん！

当日
エミピルをうまく使えたって。
ピアノ上手～。
すごいねねえルナ…。
ぐー…
おい。

くわしく解説

ピルを飲んで生理をコントロール

チカ 生理をズラす方法があるなんてビックリだよ。

先生 ピルやホルモン剤のことね。

チカ でも、小学生でまだ生理がきたばっかりの私たちがピルを飲んで、本当に大丈夫なの？　お母さんに話したら「まだ早い」っていわれたよ。

先生 **WHO（世界保健機関）では、初潮（はじめての生理）がきたら、ピルを飲んでも問題ないとしています。**日本でピルはあまり一般的じゃないから、飲んだことのないお母さんはビックリするかもしれないけど、私は上手に利用することをおすすめしています。自分の子どもにもすすめるくらいよ。

チカ 身長がのびなくなることもあるってお母さんが……。

先生 そうだね。生理がきたほとんどの子は、身長の急速なのびが止まっているはずなの。でも、まだまだのびてる、というのであればピルはもう少し待ったほうがいいかもしれないね。

チカ そうなんだ。でも使っても問題ないんだね。

先生
必要なときは、婦人科で相談して出してもらってね。

チカ
薬局では売っていないの？

先生
病院に行かないと買えません。低用量ピルや中用量ピルなどいろいろな種類があって、その人にあったものを選ばなくてはいけないの。なかにはピルを飲めない体質の人もいるから、きちんと診断してもらう必要があるのよ。

チカ
そうなんだね。ピルを買うのにお金はどれくらいかかるのかな。

先生
保険がきかない場合は1か月分で3000円くらい。保険がきくピルなら、もっと安くなることも多いわね。

チカ
ふーん。そういえば、ピルを飲むと、どうして生理をズラせるの？

先生
ピルには、女性ホルモンのエストロゲンとプロゲステロンに似た働きをする成分が入っているの。**ピルがこれらのホルモンをとどけることで、排卵をお休みさせられるのよ。排卵をお休みさせるということは、生理もお休みになるということ。こうして生理のタイミングをズラせるというわけね。**

チカ
すごいお薬なんだね。
ピルを使えば、思い通りの日にズラせるの？

先生
何月何日、と指定することはできないこともあるけれど、予定よりも前にするか後ろにするかは選べるの。で、できるだけ前にズラすほうがおすすめね。

チカ
どうして？

先生
たとえば、ピアノの発表会の日に生理になりそうだからズラしたいとするわね。ピルは、生理の予定日の前に飲む必要があるから、後ろにズラす場合、発表会の日のあたりにも飲まなきゃいけないことがあるの。

チカ
当日にお薬を飲んでも、生理がこなければ問題ないよ。

先生
うーん。飲んでもいいんだけど、お薬には副作用といってほかの症状が出ることがあるのよ。**ピルの場合、吐き気や頭痛がしたり、生理のように血が出たりすることもあるわ。**

チカ
それは困るね。前にズラしたほうがいいというのは、そういうことか。

先生

あとは、ズラしたいと思ったらできるだけ早めに婦人科に行くことをおすすめするわ。できれば、**ズラしたいひとつ前の生理がきた時点で相談しにきてほしい。そうしたらその日（生理開始初日）からピルを飲みはじめます。**ひとつ前の生理が終わってからピルを飲んでも間に合わないからね。その場合は、後ろにズラす作戦を考えることになるわ。

チカ

ひとつ前の生理がはじまったときに相談、だね。覚えておこう。

先生

2月の生理を前にズラしたいとしたら、1月の生理がきたときに相談ね。副作用の話にもどります。副作用は、飲み続けているうちに症状がなくなることがほとんど。つらさが続く場合には、ピルの種類を変えることでよくなることもあるから、婦人科で相談してみて。世界中で何億人もの人がピルを飲んでいるんだから。危険なものではないのよ。

チカ

ちゃんと注意して飲めば大丈夫だっていうことだよね。

先生

そうよ。しかも、ピルには副作用もあるけど、うれしい効果もたくさんあるの。**子宮内膜がうすくなるから出血量が減るし、プロスタグランジンの量が減るから生理痛もゆるやかになるの。PMSの症状を軽くさせたり、にきびを改善させたりする効果もあるんだから。**

悩み　血のかたまりが出るんだけど……

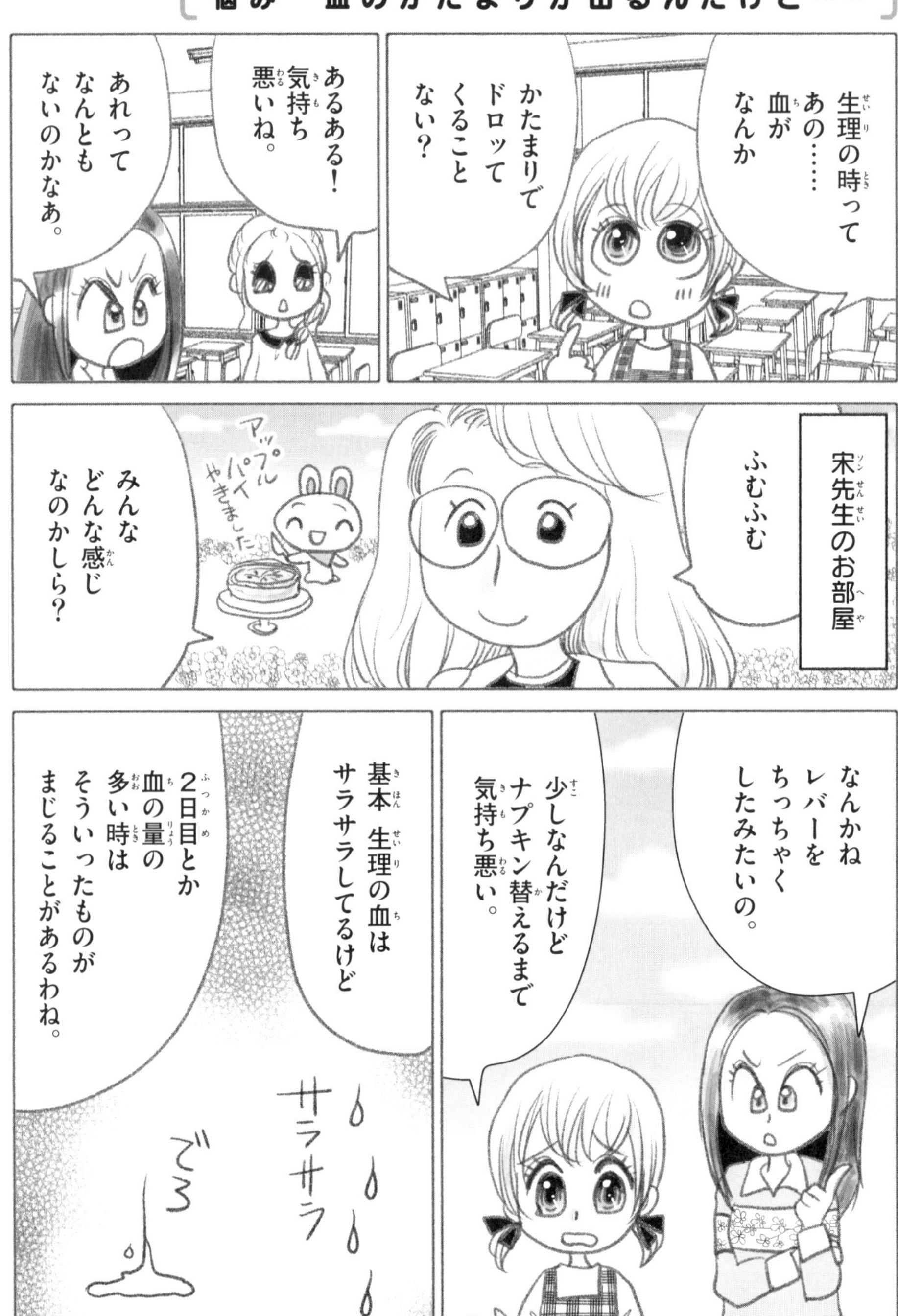

そういうのは
みんなあるから大丈夫よ。
よかったー。
ほっとしたー。

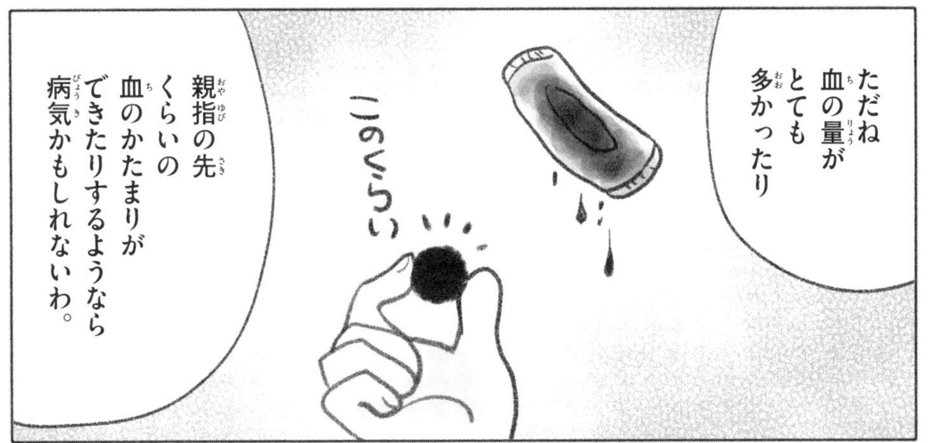
ただね血の量がとても多かったり
このくらい
親指の先くらいの血のかたまりができたりするようなら病気かもしれないわ。

貧血や子宮筋腫の可能性もあるから検査しないとね。
そう！つまり、
婦人科に相談です！
はーい！

血のかたまりはよくあることです

くわしく解説

チカ　生理のとき、ドロッとした血のかたまりが出てくることがあるの。レバーみたいで気持ち悪くて、ぎょっとするよ。

先生　たしかにビックリするよね。**生理の血は、基本的にはサラサラしているの。でも、血の量が多いときにはかたまりになって出てくることもあるのよ。**あとは、膣の中に血がたまったまま長時間たってしまったときにも、かたまってしまうことがあるわね。

チカ　病気になったのかなぁと心配になっちゃう。

先生　よくあることだから、そんなに気にしなくてもいいわよ。小さなかたまりがときどき血にまざっている程度なら、平気平気～。

チカ　よかったぁ。

先生　ただし、**親指の先くらいの大きなかたまりが出るようなら気をつけて。過多月経という症状がうたがわれるから、婦人科で相談したほうがいいわ。**

チカ　そんなに大きなかたまりが出ることもあるんだ！

先生

そういう場合には、体内の鉄分が不足して、貧血になっていることも多いの。するど、つかれやすくなったり、めまいや立ちくらみが起こりやすくなったりするよ。

貧血の症状というのは、少しずつじわじわと進行するから気がつきにくいの。大きなかたまりが出るときには、いつも以上に体調の変化に気配りしてみてね。

チカ

りょうかい！　大きなかたまりを見つけたら貧血をうたがってみるよ。

先生

そうね。

あとは、貧血のほかに子宮筋腫などの病気の可能性もあるの。大きなかたまりを見て心配になったときには、病院へ。

チカ

はーい。

先生

それから、かたまりが小さくても数がやたらと多いときは要注意。

ナプキンが1時間もたないくらいに血とかたまりが多いときは、病気がひそんでいる可能性が高いわ。

チカ

そうなんだぁ。ナプキンを交換するときに、血とかたまりの様子をチェックすることが大切だね。

おっ
佐々木
ポーチ
もって
トイレかよ。
生理か
ひゅー。
かあ…
やめろよ！
伊藤。
生理って
あたりまえの
ことじゃん。
からかうなんて
おまえら
めちゃくちゃ
興味あんだな。
な
なんだと!?
そ
そんなんじゃ
ないやい！
ぴゅー
ありがとう
伊藤くん！
おれんち
姉ちゃんが
いるから
慣れてんだ。
じゃ。
伊藤くん
チカのこと
かばって
くれたんだ！
かっこいいね！
ひゅー
う
うん。
まあね。

ともかく
からかう男子がいたりするからポーチはやめとくほうがいいかも。
あたしは最近のコンパクトナプキンならポケットにそのまま入れちゃうよ。

あとはこれ。
ハンカチ?

これポケットがついてるんだ。ほら。
わー便利!

「ポケットハンカチ」で検索かけてネットストアで買えるよ。
柄もいろいろな種類あるんだね。ありがとう!

ねえねえかわりに教えなさいよ。伊藤くんのこと好き?ひゅー。
ん?
やめてよっ!
出番ありませんでしたね
たまにはいいじゃない

くわしく解説

「いかにも」でない もち運びかた

チカ 生理ははずかしいものじゃないってわかっているんだけど、休み時間にポーチをもってトイレに行くと、生理だってバレちゃうからイヤ。なんだか複雑な気分。特に男子にはバレたくないよ。

先生 そうだよね。先生は女子校育ちだから、そういう悩みを知らなかったよ。あまり知られたくないと思うなら、「いかにも」なポーチをもち歩くよりも、ほかの方法を考えたほうがいいかもね。

チカ あんなちゃんは、**そのままお洋服のポケットに入れたり、ポケットつきのハンカチに入れたりしているんだって。**

先生 それはいい方法ね。もしくは、大きめのハンカチに包むだけでもいいんじゃない？　そうすれば、見た目はただのハンカチ。中にナプキンが入っているってわからないでしょ？

チカ たしかに。トイレにもって行っても不自然じゃないし。

先生 あとは、ナプキンの種類を変えてみてはどうかしら？　**ポケットティッシュみたいな見た目のナプキンも売られているのよ。** それなら、うっかり落としてしまってもバレにくいんじゃないかな。

チカ

そんなナプキンがあるんだぁ。

先生

ナプキン用のポケットがついたサニタリーショーツを使っている人もいるみたいよ。家を出るときにナプキンをポケットに入れておけば、学校でもち運びの心配をしなくていいからラクね。

チカ

それいいなぁ。

先生

クリップを使って、スカートの内側に小さなポーチを取りつけるという人もいるわ。

チカ

みんないろいろと工夫しているんだね。

先生

同じように悩んでいる人は多いはずだから、お友達と情報交換してみるといいかもね。
お姉さんやお母さん、先生など、生理の先輩たちがどうやっているのか聞いてみるのもいいと思うよ。

チカ

そうだね。いい方法があるか聞いてみよう。

先生〜
オリモノが気になるの。

はじめての生理が来る前あたりからあったんだけど……。
そうねみんなそんな感じね。

どんなふうに気になるかしら?
まってあらいます!
せんたく好き
下着がびしょびしょぬれて気持ち悪い。

そっかオリモノは膣や子宮の分泌物が流れ出てくるものよ。
びしゃびしゃして白っぽい透明なものなら正常よ。
でもでも〜。

下着についてかわくと黄色っぽいし
あまずっぱいにおいとか……みんなににおわないか心配だよ。

大丈夫。
正常なオリモノは本人が気にするほどまわりにはにおわないわ。
そうなの？
オリモノは細菌感染をふせいで
膣内を正常に保つという大切な役割があるのよ。
はいってくるな！
おりもの軍
お
お
キー
菌
菌
へえ！大切なのか。
そうよ。
でもすごくいやなにおいがしたりぽろぽろかたまったりしたオリモノは病気かもしれないから
婦人科に相談よ。
はい。
下着のよごれにはオリモノシートというものがありますよ。
ナプキンのうすいのみたいなのです使ってみて。
へえ！使ってみる！

オリモノは膣内洗浄の救世主

チカ

オリモノって大切なものなんだね。

先生

そうよ。
細菌が増えるのを防いで膣内を清潔にしてくれるの。**オリモノは子宮や膣から流れ出てくる分泌物。自浄作用といって、自分が出した成分の力で自分をきれいにする働きがあるのよ。**だ液が口の中の細菌をやっつけて、虫歯を防ぐしくみと同じね。

チカ

なるほど。それは大切だ！
でも、オリモノでパンツがびしょびしょになるのは気持ち悪いなぁ。
おもらししちゃったのかと思ってビックリすることがあるよ。

先生

たしかにビックリするよね。
気になるようなら、オリモノシートをつけることをおすすめするわ。お母さんが使っている家庭も多いんじゃないかしら？

チカ

専用のシートがあるんだね。

先生

そう。薄型のナプキンみたいになっていて、オリモノでパンツがよごれるのを防いでくれるの。

ペラペラのシートだから、つけていてもあまり違和感がないはずよ。

チカ

オリモノにはオリモノシート、生理にはナプキン、女の人って大変すぎる〜。

先生

まぁまぁ。オリモノシートは、つけたら快適っていうだけで、絶対つけたほうがいいっていうわけではないから。
オリモノの量は、生理前や妊娠中に増えることが多いけれど、もし、ナプキンでなければモレてしまうというくらい大量の場合は、婦人科に相談してね。

チカ

はーい。
ほかには、どんなオリモノのときに気をつければいいのかな。

先生

オリモノには、白っぽいものや黄色っぽいもの、血がまざって茶色っぽくなったものなど、いろいろあるの。
サラサラで水っぽいこともあれば、たまごの白身のようにトロッとしていることもある。あまずっぱいにおいがすることもあるわね。
でも、どれも基本的に心配はないの。
ただし、色や量、においなどを見てみて「いつもとちがってなんだかヘンだな」と感じたら、勇気を出して婦人科に行ってみてね。

先生
あたしたち
血とかオリモノとか
おまたから
いろいろ
出るように
なったけど
おまた…。
どのくらい
どうやって
おまた
洗えば
いいの？
そぼくなギモンですね

そうね
お風呂の時に
M字開脚をして
えい
小陰唇
大陰唇
大陰唇
小陰唇のあたりの
ひだひだを
洗うといいわ。

M字開脚！
お
温泉とか
大浴場とかでも
しなきゃ
だめ!?
い
いえ
自分の家の
お風呂で
できる範囲で
いいのよ。

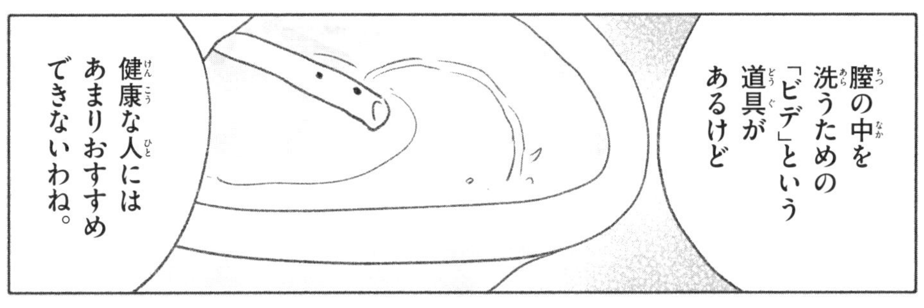

膣内が不安定になっちゃうのよ。

そうかー。

ふむふむ

腸の中の善玉菌育てなきゃとかいうしね。

そうにてますね。

ヨーグルト

くわしく解説

おまたは洗って、中は洗わないの法則

チカ　おまたを清潔にってよくいわれるけど、どれくらいどうやって洗うかお母さんも学校も教えてくれないよ。

先生　たしかに。だれにも習わないから、大人でもよくわからないっていう人は多いのよね。

チカ　みんな自己流なんだね。大人になったらいまさら聞けないもんね。

先生　そうね。なので、正しい洗い方をお伝えします。お風呂で洗うときは、**まずしゃがんでM字開脚！　おまたにはひだひだがあって、そこによごれがたまりやすいの。足をひらくことで、ひだひだの間に指がしっかりとどいてよごれをキャッチ！**　とはいえやさしく洗ってね。

チカ　おまたの中も洗うの？

先生　中まで洗うのはだめです！　中まで洗うと、自浄作用のある常在菌を殺してしまうから、膣の中がよくない環境になってしまうの。お湯で洗うか、デリケートゾーン専用のソープを使って洗ってね。

チカ　えっ！　そんなものがあるの!?

先生
うちはそれを使ってるんだけど、なければボディソープをうすめて使ってもいいんじゃないかな。
なぜデリケートゾーン用のものをすすめるかというと、おまたのヒフはとても薄くて繊細。ボディソープだと刺激が強すぎて、おまたのヒフが乾燥したり傷ついたりしやすくなって、トラブルを引き起こすこともあるの。

チカ
なるほどー。
お風呂のとき以外で、きれいにしたいと思った時はどうしたらいいの？

先生
デリケートゾーン専用のウエットシートを使うといいよ。ちなみに、トイレのウォシュレットにある「ビデ」を日常的に使うのはおすすめしません。

チカ
どうして？

先生
オリモノによる自浄作用があるというのは、前に説明したよね（105ページ）。腟の中はその作用で十分きれいに保たれているのよ。
ビデを使いすぎると、腟の中にある必要な菌まで洗い流されて、悪い菌が増えやすい環境をつくってしまうの。
生理が終わりかけの時であれば、清潔なビデで少し洗ってもいいんだけど。ただし、几帳面に洗いすぎないように気をつけてね。

生理にまつわるおもしろ話

!? 昔よりも400回以上、生理の回数が増えている!?

私たちは一生に450回ほど生理になるといわれています。1回の生理を5日間と考えると、トータルで6年間も生理であるとの計算になります。

それに対し、100年ほど前はわずか50～100回。その差は一生のうちの出産人数のちがいによるものです。

5～6人産む人が多かった100年前に対し、今は0～2人がほとんど。出産前後1～2年は生理が止まるため、出産回数が多いほど生理が少なくなるのです。

生理の回数が多くなることのリスクとして、子宮内膜症、乳がん、卵巣がん、子宮体がんがあげられます。

!? プールの中では生理の血が止まる!?

プールなど水の中にいるときは、体に水圧がかかるため生理の血が出にくくなります。ただし、水から出ると元に戻るため、プールサイドで出血することも。タンポンを使えば安心ですが、できれば生理中は水泳をお休みしたほうがいいですね。

!? 生理中、「月経小屋」で過ごす女性がいる!?

日本のある地域では、生理中の女性が「月経小屋」という場所で、生理の血を処理したり食事をしたりするという習慣がありました。生理の血がけがれたものとして考えられていたためです。海外には今も、同じような習慣が残っている地域があります。

女性の体になるということ

思春期の心と体は
大きく変化するから、
だれしもアンバランスになるもの。
安心してこの時期を過ごすために
知っておきたいことを集めました。

4章

体育の授業終わり
休み時間だー。
今日は暑いね。
はー水気持ちいいー。
あんなちゃん胸大きい。
ブラジャーとかしてるのかな…。
ぽよん
あたしは…
つるーーーん
どしたのチカ。
うううん。
ぼん！
ぐえ！
佐々木大丈夫か？
伊藤くん。
わりー

痛いな
もー
はい。
ごめんごめん。
ちょい
どきん

あっ
あはは
サンキュ。

伊藤くんの手…
なっ
なんか
ゴツゴツ
してて
なんか
おお〜!?

なになに
チカ
赤くなってる
ひゅーひゅー。
えっ
べつに。

そんなんじゃ
ないよ!
からかわないで。
あんな
ちゃんの
バカ!
バカとは
なによ!
むかっ

ケンカは
やめて!
ぱっ
ルナ!!
宋先生のお部屋に
はこばれるふたり

チカちゃんの
年頃は
心も体も
どんどん
変化するから
いろいろ
とまどうわね。
女の子は
丸みをおびた
体つきに
なり
男の子は
がっしりした
体つきになるわ。
女の子の
生理のように
男の子も
精通といって
性器から
白い液が
出るのを
経験するわね。
へえ。
男女とも
お互い
お友達という
だけじゃない
感情も
生まれるわ。
だってさ
チカ
伊藤くん
好きになっても
大丈夫だよ～。
ヘラ
ヘラ
なんだよ
上から目線!
あんなちゃん
ちょっと
おっぱい
大きいからって
大人ぶって
さ!
むっか～
むっき～
なによ
カンケー
ないじゃん!
ああ
ケンカ
しないで。

同じ時に種をまいても芽が出たり花が咲いたりするのがまちまちなように
みんなそれぞれ成長のしかたがあるのよ。みんなちがってみんないいのよ。
そうです！

人の体型と自分を比べてシットしたり！
ぎくっ

友達の気持ちをからかって怒らせたり！
ぎくっ

そういうの人としてどうかと思いますよ。
誰よりも上から目線のヤツがいた…。
ははは。
うむっ
ごめんねチカ。
ううんあたしもごめんあんなちゃん。
よかったよかった。

成長は、みんなちがってみんないい

チカ：お友達のおっぱいの大きさが気になる。私と比べて大きくていいなぁって思っちゃう。

先生：気になる気持ちはわかるけど、みんなちがって当たり前。**チカちゃんの体はチカちゃんのペースで、チカちゃんだけの個性をもった体に成長していくのよ。**

チカ：うん。うらやましがったって仕方ない。私は私だって、わかってはいるんだけど……。

先生：うんうん。そうだよね。気持ちを前向きにするためにも、私がおすすめしたいのは、自分の体の変化を楽しむこと。**人と比べるんじゃなくて、昨日の自分やもっと前の自分と比べて、どんなふうに変わっているかを意識するの。**おっぱいが少し大きくなってきたかな、先月の生理のときよりも生理痛が少ないかなどうかな、とか。小さな変化を楽しんでみて。

チカ：そうかぁ。やってみる！

先生

10代は体がどんどん変化する時期なの。女の子は、生理がはじまったり、胸が大きくなって体が丸みを帯びてきたりするのが特徴ね。そして男の子は、身長がのびてがっしりとした体つきになっていく。女の子も男の子も、一人ひとりそれぞれのペースで変化が起こっていくのよ。

チカ

たしかに、男の子とは体にちがいが出てきた気がする。それに、**これまで女の子も男の子も同じように「お友達」って思っていたけど、ちょっとちがう気持ちが出てきたんだよね。**

先生

それも自然なことよ。チカちゃんは、いま、体だけじゃなく心も大きく変化する時期なの。男の子のことを「異性」として意識しはじめたっていうことね。

チカ

なんだかはずかしいなぁ。

先生

とまどう気持ちもあるかもしれないけれど、自分の変化を大切に見守って。それと同時に、まわりにいるお友達や男の子の変化も大切にしてほしいの。みんなちがってみんないい、ということを忘れずにね。

先生
胸が小さくても
ブラって
つけたほうが
いいのかな。
そうね。
チカちゃんも
初潮を迎えたから
少しはふくらんで
きているはず。
薄着をした時
乳首がぽつんと
見えたり
布にこすれて
痛かったり
しない？
少し……。

じゃあ
したほうが
いいわね。
あたしは
今
ブラトップ
してるよ。
ブラトップ？
キャミソールに
カップが
くっついてる
もの。
動きやすくて
簡単に着られて
バストを
守ってくれるよ。
へえ。
おもて
うらがえすと

ブラトップや
ブラトップの
上だけのような
ハーフトップ
ブラなどが
初心者には
向いてるわね。
ハーフトップ
ブラ

ブラジャーは
種類たっくさんです。
フルカップ
½カップ
¾カップ
ワイヤー入り
ワイヤーなし
フロントホック
ロングライン
うわわ〜。
ふわ〜。
用途に応じて種類も柄も選ぶ楽しみがあるわね。
でも種類よりサイズの選び方のほうが大事
下着売り場で店員さんがはかってくれるわ。
トップバスト
アンダーバスト
トップバストとアンダーバストの差がブラのカップのサイズなの。
こんな感じね。
Aカップ 10cm
Bカップ 12.5cm
Cカップ 15cm
Dカップ 17.5cm
Eカップ 20cm
たとえばアンダーバストが70センチ前後でトップバストとの差が12センチくらいだと70のBということね。
ふむふむなるほどね！

くわしく解説

はじめてのブラジャーどう選ぶ？

チカ お母さんに「ブラジャー買って」っていうの、はずかしいなぁ。

先生 ちょっと勇気がいるよね。どうしてもいうのがはずかしいなら、この本を読んでもらうのもいいかもしれないね。きっと気持ちをわかってくれるはず。

チカ ブラジャーは、いつまでにつけるものなの？

先生 つける時期も、つけるかどうかというのも、個人の自由。絶対につけなければいけないというものではないの。

チカ いつつけるか、は自分で決めるのか。

先生 そうね。**ブラジャーはつけたほうがおっぱいのゆれや型くずれを防ぐことができるし、乳首がすけたり、すれて痛んだりする心配もなくなるの。**胸が少しふくらんできたかなと思ったら、つけはじめるといいわね。

チカ ブラジャーには、いろいろな種類があるんだよね。

先生 そうよ。

初心者におすすめなのは、キャミソールの内側にカップがついているタイプ。ブラトップ、キャミソールブラなどと呼ばれているわ。先生はいつもこのブラトップをつけています。キャミソールを着る感覚でカンタンだし、つけ心地もいい。先生以外の大人も、このタイプを選ぶ人が増えているのよ。

チカ

見た目もブラジャーっぽくないね！シャツからすけて見えても、ブラジャーかどうかわかりにくいもんね。

先生

そうね。
はじめてのブラジャーには、**ハーフトップブラを選ぶ人も多いわよ。**
ブラトップの上半分のような形になっていて、サッとかぶるだけでつけられるし、動きやすくてラクなの。

チカ

ブラジャーのサイズは、お店で測ってもらったほうがいいんだよね。

先生

正確なサイズを測るのはむずかしいから、下着売り場でお願いするのがおすすめ。ブラジャーをしている人の70%以上が、サイズをかんちがいしているともいわれているのよ。
サイズがあわないものをつけていると、動いたときにブラジャーがズレやすくなるの。おっぱいがはみ出たり、型くずれすることもあるから要注意よ。

先生あのね
なんか毛。
なんか毛って何なんですか〜〜〜。
ぎゃははははは
いや最近いろんなとこの毛が気になって。
ルナ笑いすぎよ。
ワキとかおまたとかいろんな所に毛が生えてくる時期ね。
なんとなくうでや足の産毛も気になるよね。
ぎゅ〜〜
そうなんだよー。
くるしい
すいません…
気にしなくてもいいんだけどね気になるならお手入れしましょうか。
一番簡単なのは石けんを泡立ててかみそりでそることね。
まちがってヒフを切っちゃわないように毛の流れにそってそりましょう。

毛を1本ずつ抜く方法もあるけど
けぬき
時間がかかって疲れるし毛穴を傷つけると炎症が起きちゃうかも。

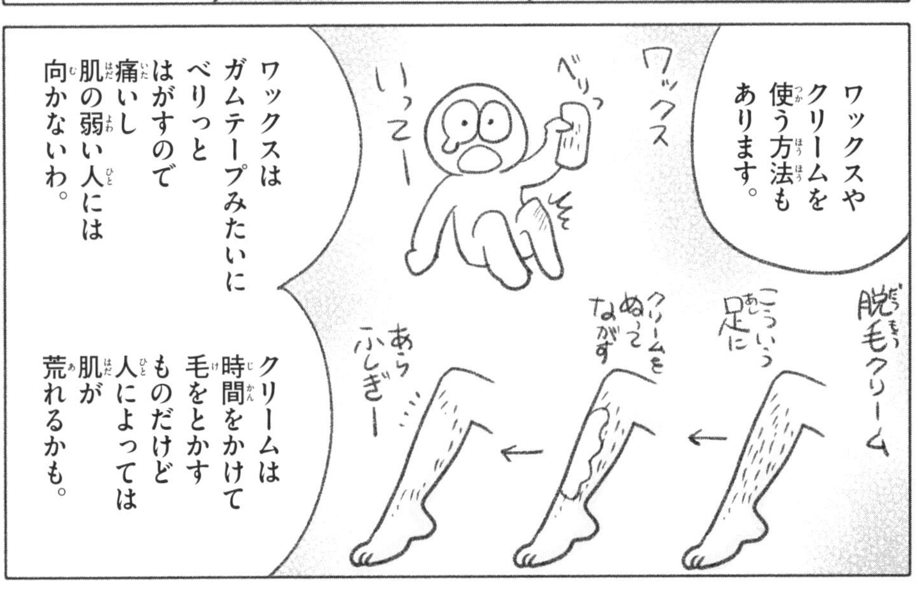
ワックスやクリームを使う方法もあります。
ワックス
べりっ
いってー
脱毛クリーム
こういう足に
クリームをぬってながす
あらふしぎー
ワックスはガムテープみたいにべりっとはがすので痛いし肌の弱い人には向かないわ。
クリームは時間をかけて毛をとかすものだけど人によっては肌が荒れるかも。

どれもまたすぐ毛が生えてくるけどレーザー脱毛だと一番効果が持続して痛みも少ないわ。
いいなそれ！それにしよ！
すっごくお高いですよ。
あ――。
まお好みで選んで。

ワキ、うで、足……毛の処理あれやこれや

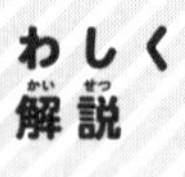

チカ
ワキやおまたの毛も気になるし、うでや足の毛も気になるよ。お友達に見られたくないから、なんとかしたいって思っているの。

先生
ホルモンのえいきょうで、毛が目立ってくるお年ごろなのよね。

チカ
特に夏は、半そで短パンだから、うでや足の毛が丸見えになって、かくせないからイヤだよ。うでを上げたときにはワキも見えちゃうしね。長そでの季節になっても、うでまくりをしたときに毛がぼうぼうだったりするとはずかしい。
毛が生えていない、お人形さんのようなツルツルお肌にあこがれる〜。

先生
むだ毛が気になるというのも、正常な心の変化だと思うわ。毛はそのままにしていてもいいんだけど、気になるようならお手入れするといいよ。

チカ
どうやってお手入れすればいいの?

先生
簡単なのは、かみそりを使う方法。
ワキ用、ボディ用、顔用など、いろいろなタイプのものが売られているから使い分けるといいわね。かみそりを直接肌にあてると、肌荒れしやすいから、泡立てた石けんやクリームをつけてからそるのがコツよ。

チカ うっかり肌を切らないようにも気をつけないと。

先生 そうね。注意しながらそってね。ほかには、電気シェーバーを使う方法もあるよ。このほうが、うっかり切ってしまう心配は少ないかも。

チカ **毛ぬきを使っている子もいるみたい。**

先生 それもひとつの方法ね。ただ、1本ずつぬくのは時間がかかって大変だし、ぬくときに毛穴が傷ついて炎症になる可能性もあるわ。

チカ そうなんだ。**脱毛用のワックスやクリーム**もあるんだよね。

先生 ワックスは、毛の部分にぬったあとかたまるのを待って、ガムテープみたいにベリッとはがすの。お肌が弱い人にはおすすめできないわね。はがすときに痛みもあるし。
クリームは、はがさなくていいから痛みはないんだけど、毛をとかす成分が入っているから肌が荒れる人もいる。
どの方法も、肌の状態をしっかりと確認しながらためしてみてね。

みなさんそろそろ
プライベートゾーンを
大事にする年齢に
なったわね。

プライベート
ゾーン？
それって
何？

プライベート
ゾーンとは
水着でかくれる
体の部分。
プライベートゾーン
水着でかくれる部分と口
ダメよ
どんとたっちだぜっ
自分だけの
大切な
場所のことよ。

たとえ
友達同士
親戚にも
簡単に見せたり
さわらせたりしては
いけない部分よ。
もちろん
これ以外の
体の部分も
簡単にさわらせて
いいものでは
ないけどね。

そういう部分を
「見せて」とか
「さわらせて」と
いってくる
知らない大人が
いたら
すぐにその場を
立ち去って。

そんなこと
いってくるのは
犯罪です。

くわしく解説

だれにも見せない体の場所とは？

チカ

「プライベートゾーン」ってはじめて聞いたよ。

先生

なかなか聞かない言葉かもね。
体には、**ほかの人に見せたりさわらせたりしてはいけない自分だけの大切な場所があって、それをプライベートゾーンと呼んでいるの。**
その部分は、自分と好きな人（パートナーになる人）だけがさわっていい場所なんだよ。
「プライベート」っていうのは「個人的な」って意味の言葉。

チカ

自分と好きな人だけの大切な場所。うん、そうだよね。それはわかるな。

先生

水着でかくれる部分や口以外でも、**さわってほしくないと感じる体の部分にさわられたら、「イヤだ」と伝えていいんだよ。**
お友達でも、プライベートゾーンだけでなく、ここにはさわってほしくないと思うところもあるかもしれないから、「イヤだ」といわれたらさわらないようにしようね。

チカ

プライベートゾーンは、はずかしい場所なの？

先生

いいえ。

体の中にはずかしい場所なんてないの。口もおしりもおっぱいもおちんちんも、大切な体の一部。**ただ、人前で見せたりさわったりしないのが社会のルール。**大声で下ネタをいったりするのもルール違反。自分だけの大切な場所だから、オープンにしないでていねいに守ってあげてほしいの。

チカ

ふーん。

先生

もしもだれかがプライベートゾーンを「見せて」「さわらせて」といってきたら、それはおかしな人です。「パンツ見せて」とか「お洋服にさわらせて」とかもおかしいよね。

特に、相手が知らない大人の場合は、**大きな声を出して、すぐに走ってにげて、信頼できる大人に相談してほしいの。**

チカ

知らない大人にそんなことといわれたらこわくて動けないかも……。

先生

そうだよね。

でも、そういうこともあるんだと、知ってると知らないのとでは全然ちがう。

だからしっかり知っておいてほしいんだよ。

チカちゃんの体は、チカちゃんだけの大切なものだからね。

先生
最近よく見る
言葉
LGBT
って何？
LGBTとは
性的少数者と
いわれる人たちの
ことよ。

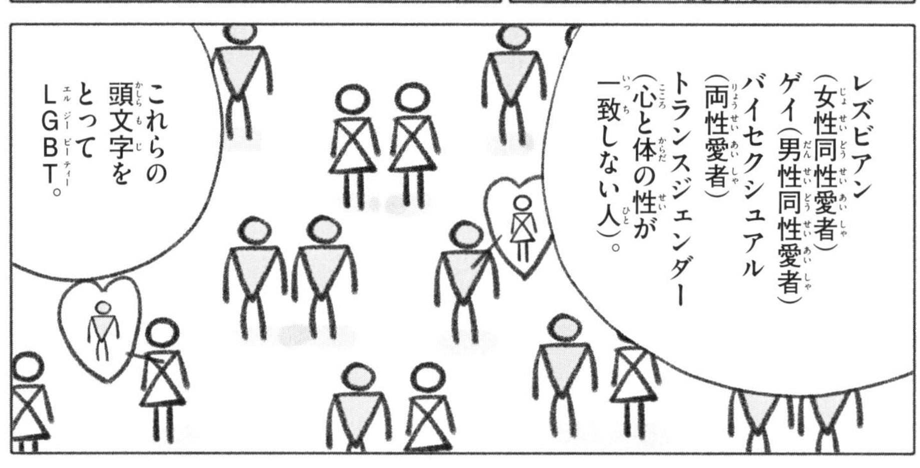
レズビアン
（女性同性愛者）
ゲイ（男性同性愛者）
バイセクシュアル
（両性愛者）
トランスジェンダー
（心と体の性が
一致しない人）。
これらの
頭文字を
とって
LGBT。

チカちゃんは
伊藤くんに
ドキドキ
するでしょ。
そ
それはあのその。
そういう気持ちが
異性ではなく
同性にあったり
体の性別と
心の性別が
一致しない人
などね。

人口全体の8%はLGBTの人
だからクラス内や親戚自分自身がそうであっても不思議ではありません。

少数だからって差別するのはおかしいことだし
男女の恋愛と何も変わることがないし
どの恋愛も人に迷惑をかけていなければどんな形でもOK。

お互いが好きであって幸せであれば何も問題はないのよ。
そっか。
幸せが一番だよね。
そうですね。

大切なLGBTとSOGIの話

先生　LGBTと紹介したけれど、このごろは「SOGI」という概念もあるの。**SOGIは、「Sexual Orientation（性的指向）」と「Gender Identity（性自認）」のこと。**性的指向は、異性愛か同性愛か無性愛（好きになる性をもたない人）かなどで、性自認は、自分の性別をどう認識しているか、ということ。

チカ　SOGIってはじめて聞いた！　LGBTという呼び方と何がちがうの？

先生　LGBTは、レズビアン・ゲイ・バイセクシュアル・トランスジェンダーを指す言葉だけど、「ゲイの人は女性になりたい人」とか、性的指向と性自認がごちゃまぜになった誤解が生まれやすかったの。そこで、SOGIという概念が登場します。SOGIは性的少数者ではないすべての人を指す言葉なの。

チカ　うーん。どういうこと？

先生　つまり、**性的指向や性自認は、私たちすべてに関わることなの。異性愛、つまり女の子が男の子を好きになるというのは、多様な性的指向のひとつである、という考え方。**女性を好きになる女性もいるし、女性も男性も好きになるという人もいる。それだけでなく、いろいろなタイプの人がいるの。

チカ　「ふつう」とかはないってことだね。

先生

そういうこと。**LGBTと呼ばれる人たちは人口全体の8%といわれているから、クラスの中にも1人〜2人はいる計算になるの。**お友達の中にもいるかもしれない。

チカ

まわりの人にいわないだけ……という人もいるのかな。きっといいにくいよね。

先生

そうね。親や先生などから女の子らしさ、男の子らしさを期待されて、プレッシャーになっているかもしれない。見た目だけでは、心の性別やだれが好きかまではわからない。成長するにつれて本人が違和感を覚えて気づいていくことになるの。

チカ

親にもわからないんだね。

先生

そうよ。親は子どものことを、心も体も女の子だと思いこんでいるかもしれないけれど、実はちがう場合もあるってこと。
でも、**本当に子どもを愛している親なら「〝女の子として〟幸せになってほしい」というよりも、「〝あなたに〟幸せになってほしい」と願うはず。**
チカちゃんも、大好きなお友達に対してそういうふうに思うでしょう？

チカ

うん！　そうだね！

さてさて
最後のお話。
男性は
思春期を迎えたら
精子を一生
つくり続けるけど

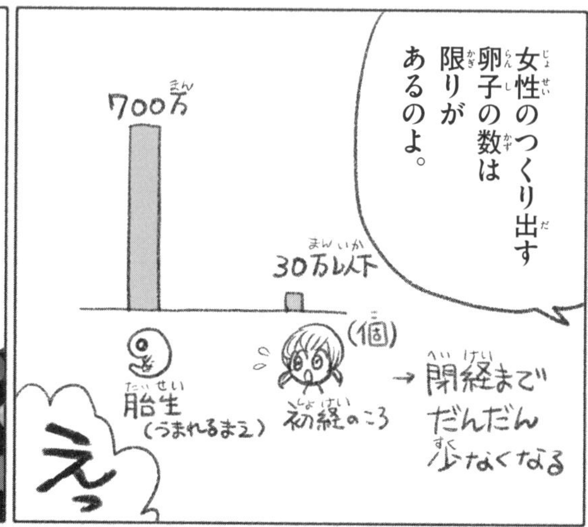
女性のつくり出す
卵子の数は
限りが
あるのよ。
700万
30万以下
(個)
胎生
(うまれるまえ)
初経のころ
→閉経まで
だんだん
少なくなる
えっ

生まれた時に
すでに卵子の数は
決まっていて
それをだいたい
毎月ひとつずつ
出してるのね。
ほえ〜。

女性は一生の間に
月経を迎える時期―思春期
月経のある時期―性成熟期
月経を終える時期―更年期
月経を終えてから―高齢期
の４つのライフステージを
経験するの。
ふうん
あたしたちは
思春期?
ですね。

生理も終わる時がくるの？
そうよ。

エストロゲンとプロゲステロンは思春期と妊娠期に
とぉー！
大量に分泌されます。
やーっ

でも赤ちゃんが生まれると急激にエストロゲンは少なくなります。
しおしお〜…
女性はエストロゲンが多い時は体も心も比較的元気でいられるけど

エストロゲンが減ってプロゲステロンのほうが優位になると
おーいエストロゲーンおーい
心も体も元気がなくなってしまうの。
ここ→

閉経……生理がなくなるころはさらにホルモンが減ってさまざまな症状が出るわ。
これが更年期ね。

更年期聞いたことあるよ。
うんおばあちゃんがためいきつきながらそういってる。

そうねのぼせやほてりめまいなど
人によって症状はいろいろね。

骨粗しょう症になる確率も高くなるといわれているわ。
そっかー。

女ってたいへんだー。
男ってそのへんわかってないんじゃやない?
うんうん知らない人多いと思う。

だからさー男って勝手で乱暴なんだよっ。
伊藤くんはちがうぞっ。
あらあら。
ハイ?

そうねー男性はほとんどの人が生理をよく知らなくて
「生理は一日で終わる」なんて思ってる人もいるのよ。

でもね
男性は男性で
たいへんなことが
たくさんあるし
女性も男性を
理解していないわ。
勝手で
乱暴
なんて
いっちゃ
いけない。
ぐ
大切なのは
お互いのことを
よく知ること。

たくさん
話し合って
お互いに
思いやりを
もっていく
ことが
とても
大切だと
思うわ。

これからの
女性の一生
がんばってね！
はい！
ありがとう
ございました！
スタンプ
カード
たまりましたね。
ルナちゃん
マークの
サニタリーショーツ
プレゼントです。
わーい♪

出産には適した年齢がある

チカ　卵子の数は、生まれたときすでに決まっているんだよね。

先生　そうなの。女の子の胎児がお母さんの子宮の中にいるときに、一生分の卵子がつくられて、その後増えることはないのよ。

チカ　男の人は一生、精子をつくり続けるんだよね。なんだかズルいなぁ。

先生　体のしくみがちがうから、仕方のないことね。男性はどんどん精子をつくれるけど、女性は生理のたびに排卵があるから卵子がどんどん減っていく。**つまり、年をとればとるほど卵子が少なくなるということなの。しかも、卵子も年をとっていくわ。**

チカ　ええ〜！

先生　だから、もしも赤ちゃんを産みたいと考えるのなら、「産みどき」があるというのは知っておいてほしいの。**出産適齢期は、医学的には20代〜35歳くらいまでといわれています。**最近では、40歳以上の芸能人が赤ちゃんを産んだというニュースもめずらしくないけれど、何歳になっても赤ちゃんを産めるわけではないというのが現実なのよ。

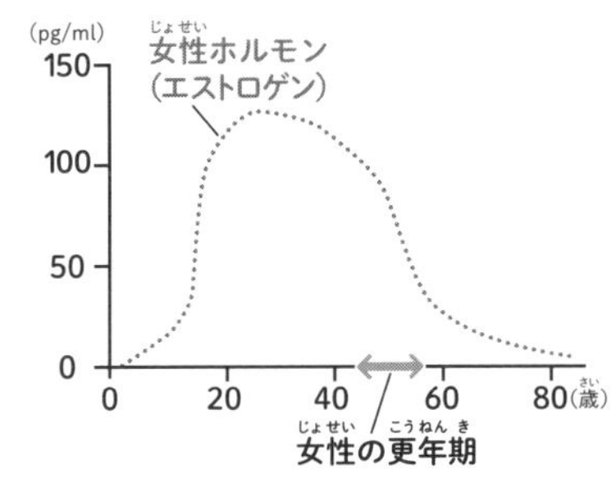

チカ
でも、もしかしたらやりたい仕事を一生懸命している年齢かもしれないよね。妊娠して出産したら1年くらいは休まないといけないでしょ?

先生
そうなのよ。仕事と妊娠・出産のかねあいはとてもむずかしい。でも、そのタイミングをのがすと妊娠自体がむずかしくなってくる、ということを知っておいてほしいの。自分の人生で何を大切にするか、何を選ぶかを自分自身で考えてほしい。
それと女性のホルモンの話。女性は一生のうちに、**生理をむかえる時期（思春期）、生理がある時期（性成熟期）、生理を終える時期（更年期）、生理を終えたあと（高齢期）**という4つの時期を経験するの。

チカ
私はいま、思春期なんだよね。

先生
そうね。性成熟期までは、エストロゲンとプロゲステロンが多く分泌されているけれど、生理を終えるころには減っていく。そのため、**ほてりやのぼせ、めまいなど体のつらさを感じる人も多いわ。更年期障害といわれる症状ね。**そして、「閉経」といって生理が終わって高齢期をむかえるのよ。

チカ
更年期障害はとてもつらいって話を聞いたことがある。山あり谷ありの女性の一生なんだね。

知っておきたい! 女性特有の病気

子宮筋腫

子宮の中にできるコブのようなもの。30歳以上の女性の3人に1人が経験。悪性ではないので、そのままにしていてもだいじょうぶなときもあります。年に1度は婦人科でチェックを。

子宮内膜症

74ページでもふれましたが、子宮の内側にある子宮内膜と似たものが、子宮以外の場所に「ひっこし」してしまう病気。生理のときにはがれ落ちた子宮内膜の一部が体の外に出ずに逆流し、卵巣などにくっつくのが、この病気の原因だといわれています。

子宮頸がん

64ページでもふれましたが、性交によってHPV(ヒトパピローマウィルス)に感染することでかかりやすいがん。HPVワクチンと、性交経験後の定期検診で子宮や命を守れます。

卵巣がん子宮体がん

卵巣がんは、閉経後の女性に多いですが若い女性にもあります。初期は自覚症状がなく、見つけにくいのが特徴。子宮体がんは40～60代に多く、不正出血でみつかることが多いです。

乳がん

おっぱいにできるがんのこと。40～50代でかかる人が多く、日本女性の13人に1人が、死ぬまでに乳がんになるといわれています。若いうちにかかると悪化する場合も多いのですが、早いうちに発見できればほぼ治るといわれています。

あとがき

生理はとても大切なものです。
しかし、それにもかかわらず、正しい知識を身につけにくいという困った状況に日本はあります。
大人でさえも間違った理解をしている人は多いし、生理について話したり学んだりするのがはずかしいと思っている人も多いのですから。
その結果、生理という現実が神秘のベールに包まれてしまうことがあります。
なんとなくふんわりとわかったような気持ちになったり、間違った情報にまどわされたりして、「なんだかおかしいなぁ」と思っていても、やりすごしてしまう。
そんなケースがよく見られます。
しかし、それでいいはずがありません。
そうしてなんとなく生理をやりすごすことで、つらくなるのは、あなた自身の心と体なのです。
あなたと生理は、これからも長いつきあいを続けていくことになります。
この本で身につけた正しい知識は必ずあなたを守ってくれます。
それがきっと、あなたの心と体の幸せにつながることと信じています。

監修●宋 美玄（ソン ミヒョン）
産婦人科女医、医学博士、性科学者。丸の内の森レディースクリニックにて院長を務める。
大阪大学医学部卒業後、イギリス・ロンドン大学に留学するなど産婦人科医として研鑽を積む。
2012年に長女、2015年に長男を出産。
著書に、『産婦人科医 宋美玄先生の 女の子の体一生ブック』
『産婦人科医宋美玄先生が娘に伝えたい 性の話』（ともに小学館）など。

マンガ●あべさより
文●西門和美
ブックデザイン●名和田耕平デザイン事務所
校正●玄冬書林
DTP●昭和ブライト
編集●酒井綾子

取材協力●ユニ・チャーム

産婦人科医 宋美玄先生の 生理だいじょうぶブック

2020年 2月24日 初版第1刷発行
2024年 6月12日 第5刷発行

監修者 …………………… 宋 美玄
発行人 …………………… 青山明子
発行所 ………… 株式会社小学館
〒101-8001
東京都千代田区一ツ橋 2-3-1
編集 03-3230-5623
販売 03-5281-3555

印刷所 ……TOPPAN株式会社
製本所 ……TOPPAN株式会社

 ISBN978-4-09- 227219-4